社会をつくる「物語」の力

学者と作家の創造的対話

木村草太　新城カズマ

光文社新書

プロローグ

世界が荒れている。

公安調査庁の「世界のテロ等発生状況」を知らせるＨＰは、数日おきに更新される。比較的安定した社会を謳歌してきた欧米の人々でさえ、現状への苛立ちがつのり、排外主義への共感が高まっている。

そんなときだからこそ、立憲主義が必要なはずだ。立憲主義とは、人々の人権が蹂躙されないよう、国家権力を憲法によってコントロールしようという思想だ。人権が保障されるとは、まったく異なる個性を持つ他者の存在を前提に、たとえ意見の合わない相手であっても排除しないこと、その違いを受け入れ、尊厳ある主体として尊重することを意味する。

人権が踏みにじられない社会をつくるには、どうしたらいいのか。圧倒的な権力を掌握する国家は、どのように運営されるべきなのか。それを考えるのが、立憲主義を実現するための学問、憲法学の使命だ。しかし、憲法学者が、あるいは、立憲主義に共感する人々が、立憲主義や人権の意義をどれだけ訴えても、その声は人々の心になかなか響かない。憲法学の内部にとどまっていたのでは、世界が荒れるのを止めることは難しそうだ。他分野の人々の知恵を借りる必要がある。

そんなとき、話を伺いたい人として思い浮かんだのが小説家の新城カズマさんだった。

作品を読んだことのある方ならご存じの通り、新城さんは知的好奇心のかたまりのような人だ。文化人類学、歴史学、あるいは私の専門である法学に関わるようなテーマも、どんどん掘り下げて展開していく。作品中の文献引用がなんとも気の利いた感じで、自分の中の知的好奇心も刺激されていく。新城さんとお話をすれば、何かきっかけがつかめるかもしれない。

新城さんがツイッターでトランプ政権について語っているのを目にした私は、「これはチャンスだ」と思った。「一緒にイベントをやりませんか?」とツイッターで呼びかけると、新城さんは快諾してくれた(本当は嫌だったかもしれないけど、他人が本当はどう思っているのかなんて詮索したって意味がない。ともかく、返事をすぐにくれたのは事実だ)。

幸いにもこの企画を応援してくれる出版関係者の方々と巡り合い、対談が実現した。そうして、それが本になった。この本はその対談の記録だ。

２０１８年２月吉日

木村草太

社会をつくる「物語」の力◆目次

プロローグ……3

第一部 法律は物語から生まれる

Ⅰ 法学の基本発想……10
Ⅱ エンジニアとしての法律家……26
Ⅲ フィクションと現実……53
Ⅳ AIと人間の違い……84
Ⅴ フィクションから社会へのヒント……100
Ⅵ ゲームという模擬社会……115

第二部　社会の構想力

Ⅰ　トランプ現象と向き合う……136
Ⅱ　物語とリベラリズム……148
Ⅲ　読書と民主主義……164
Ⅳ　リベラルデモクラシーの条件……179
Ⅴ　完璧な法律……209
Ⅵ　法律にできること……234

第三部　ＳＦが人類を救う？

Ⅰ　「架空人」という可能性……260
Ⅱ　ロボットの経済政策……277
Ⅲ　ベータ・テストの重要性……307

Ⅳ　物語に見る権力……323
appendix　トールキンとケストナー……363
エピローグ……372

第一部のⅢとⅣ、そしてappendixは、東京・下北沢の本屋B&Bにて行われた本著者二人の対談（記事は2017年3月15日・17日・21日付朝日新聞WEBRONZA〈http://webronza.asahi.com/〉に掲載）をもとに再構成したものです。

第一部

法律は物語から生まれる

Ⅰ　法学の基本発想

「法律ＳＦ」とは何か

木村　今日は、お忙しい中、対談に応じて頂きありがとうございました。僕は昔から新城先生の小説のファンで、いつかゆっくりお話を伺いたいと思っていました。その夢がかなって、とても嬉しいです。新城さんがグランドマスター（総責任者）をなさった『蓬莱学園』（郵便を用いて遠隔で複数のプレイヤーが参加した90年代のゲーム・シリーズ。詳しくは後述）についても、ネットなどで調べなおして、古本屋で見つけ出した『蓬莱学園の復刻！』まで買っちゃいました。

新城　これはまた、マニアックなものをお持ちで。こちらこそ、楽しみにしています。

私はもともと法律に興味があって、「法律ＳＦ」ってできないかなぁと考えていたんです。

どなたかそういう話ができそうな方がおられないかと思っていたところに、TBSラジオのSession22という番組で、木村さんとご一緒する機会があって、「やったー！」というのが、木村さんとの出会いですね。

木村　その節は、お世話になりました。私はあのラジオ以来、ますますあれもこれもと伺いたいことが積もり積もっていました。

「法律SF」と言われても、ちょっとピンとこないのですが、どんなイメージなんですか？

新城　SFは、サイエンス・フィクションの頭文字ですが、そこで言われるサイエンスって、物理学や数学あるいは科学技術といった、いわゆる「理系のサイエンス」の印象が世間では強いし、世に出ている作品の7割ぐらいは、実際にそうなんです。でも、人文科学とか社会科学と言われるジャンルだって、当然サイエンスですよね。だから、そのサイエンスを使ってフィクションを書けないかなぁと、2005年ぐらいから考えていました。

最初に考えていたのは法律学か建築学。建築学は大学の学部的には工学部なんでしょうけれども、デザインとか文化的な面も重要で、人文的な要素もある。

木村　建築学のSFというと、私が交流のある建築家の山本理顕さんが『地域社会圏主義』という本を書いていらっしゃいます。「一家族一住宅ではない住宅を造るべきだ」と言って、注文主がいるわけでもないのに、設計しちゃったんですね。

新城　建築の方って紙に描いておしまいにする人が結構いるっていう話を知って、おもしろいなぁと思っていたんですよ。

木村　山本理顕さんは、コンクリートと防火扉で囲まれたプライバシーばかりを優先する「一家族一住宅」をやめようと提案しています。プライバシーの確保が本当に必要な部分は大切にしつつも、外部と緩やかにつながる「見世」の空間をつくったり、キッチンをはじめ、いろいろな共有スペースを展開したりする。そうすることによって、老若男女、家族構成を問わず、いろいろな人が住まえる豊かな住空間を実現しよう。そんな主張の本です。これはたぶん、建築ＳＦですね。

新城　そうなんです。もちろん建築には、実際に家を建てようとする人から「こんなふうに住みたいよ」という要望があって、それに合わせて造るという方法もある。でも、逆に、建築のほうが先に造られちゃうと、人は、その空間に合わせて住まざるを得なくなる。つまり人の在り方が変わっちゃうんですよね。

それはまさにＳＦがやっていること。「もしも、物理法則が変わったら、たとえば重力が半分になっちゃったら？」「もしも、宇宙に個人でロケットで行けるようになったら？」と考えたときに、人間の側がその世界に従って生きるしかないわけですよね。社会のほうがぐぐっと変わらざるを得ない。

おそらく法律は、もっとそれができる。人は法律に従って生きざるを得ないので、法律をこう変えると社会はこうなり、人間の心の持ちようもこうなっちゃう、みたいなことがいくらでもあり得るでしょう。そういう意味では、「法律は非常にＳＦ向きなジャンルだなぁ」と常々思ってったんですね。

ただ、残念ながらいままでは自分自身の知識が追いつかなかった。せっかく専門家とゆっくり話せるので、まずは「法とはなんぞや」という、非常に初心者的なところから伺えますか。

ローマ法が原点

木村　「法とは何か」と言われて、法哲学的な議論はもちろんいろいろあります。「法と道徳の違い」についてだけでも、図書館で探せば何冊も専門書が出てくるでしょう。ただ、私は実定法（特定の社会内で実効的に行われている法）の研究者なので、そういう点には立ち入りません。実定法としての法を理解するには、法の基本的な発想を理解してもらうのがいいのではないかと考えています。

法の基本的な発想と言っても、西洋の法とイスラムの法と中国の法とでは、もちろんすべて異なります。ただ、私たちの社会が前提としている西欧近代法においては、「古代ローマ法に源流がある」というイメージを持っています。もちろん、いまの日本の法とかヨーロッパの法は、古代ローマ法とは違うものです。しかしそれでも、精神的源流はローマにあるんだっていうイメージを持っている。

ローマ法の特徴は、古代の法にしては、個人主義的で人間主義的なところにあると言われます。具体的には、ローマ法の体系では、まず、あらゆる存在を「人」か「物」かのどちらかに分類する。「人」とは意思の主体のことです。権利を行使するかどうかを判断する意思があるから、権利の享有主体になる。これに対して「物」は、人の意思の対象となるのみです。そういう思考枠組みの中で世界を捉えてルールを組み立てていきます。

新城　ローマ法って神様については何も言ってないんですか？　神は「人」じゃないから「物」（ラテン語で言うところの“res”）に分類されるんでしょうか？

木村　専門ではないので確信は持てないのですが、ローマ法って非常に世俗的なんですよね。ローマ法の教科書に、神の位置づけが書かれていた記憶はありません。神に法人格は認めていないので、神のいない世界になっているんだと思います。

言ってみれば、法が神の意思なんですよね。神の手によって、人と物が分けられた世界。「神に祝福された人が権利の享有主体になる」っていう構造からすると、神はたぶん法のところに入るんじゃないでしょうか。

もともと、共和政ローマの時期は、人法ユースと神法ファースが未分化で、法知識は神官の地位を兼ねる貴族に独占されていたそうです。前5世紀ころに成立した有名な「十二表法」の解釈も、当初は神官団によって解釈されたり、教授されたりしたそうです（碧海純一他『法学史』東京大学出版会、1976年30〜31頁）。神の意思たる法を、神官が解釈する構造と見れるような気もします。

新城　ああ、なるほど。じゃあ、ローマの神殿とかは誰かの持ち物なんですか？

木村　神殿についていては、その神殿を利用している団体の持ち物になるんでしょうね。人の所有物になるので、神の所有物ではない。

新城　中世には、洋の東西を問わず、「これは神もしくは仏の所有するところなので世俗法がタッチできない」という理屈がありますが、それとの関係はあるんですか？

木村　あっ、それはですね、「中世の法は、国内においても一元的な体系ではなかった」という話なんです。武家に適用される法と庶民に適用される法が異なったり、通常の市民法とは別に教会関係に適用される教会法（カノン法）があったりした。現在で言うと、日本国内にあるアメリカ大使館は外国扱いされるので、日本の警察権が及ばないのと同じ感じです。

ただ、神殿の「所有」という面では、人や財産の集合に「人」としての地位を与える、先ほども言及した「法人」という概念があります。「法人」も「人」の一種なので権利の享有主体になる資格があります。歴史的には、まず教会に法人格が認められて、法人格の対象が拡大してきたんですね。

新城　ああ、なるほど。

民法が一番偉い？

木村　近代に入って、ローマ法の体系をもとに、私人と私人の関係を規律する「民法」ができた。その民法で培われた法技術を写しとりながら、国家内部のルールだとか、国家と私人の関係を規律する、憲法や行政法といった「公法」が整理されて行きました。

だから、法律の効力の観点からすると、憲法に違反する法律は無効になるので、憲法が一番偉いのですが、学問としては、民法が一番偉いというイメージがあります。

新城　歴史があるから民法が偉いんですか？

木村　はい。学問的伝統があって、すべてのプロトタイプは民法から組み立てられている。もともとは、法学者と言えば民法学者のことを指していた。近代国家が発展する中で、「民法学の概念を使って、国家を法人として解釈してみよう」という感じで憲法学ができてきた。つまり、最初期の憲法学者は民法学者出身だったりするんですね。

新城　なるほど。何か、ちょっと腑に落ちてきました。

民法というのは、つまるところ取引に関する、所有権の移転に関する法体系なんですか？

木村　確かに「取引による所有権の移転」は民法の大きなテーマですが、それだけではありません。たとえば海で魚を釣った人は、その魚の所有権を取得しますが、これは取引ではありませんよね。

民法では、まず「人」と「物」の定義をした上で、人の持つ権利が書いてあります。権利は性質によって分類されていて、まずは「物権」と「債権」に大きく分かれる。物権は「物」に対する権利、所有権とか占有権のこと。債権は「人」に対する権利のことです。

物権の特徴は、その物について自分が持っている権利を、あらゆる人に対して主張できる点にあります。たとえば、「このパソコンは私のものです」という権利の主張は、新城さんに対してだけじゃなくて、あらゆる人に対してできる。

これに対して、債権は、権利を主張できる相手が限定されています。たとえば、新城さんが私に1万円を貸したとしましょう。新城さんには1万円を返してもらう権利がありますが、「1万円返して」と言える相手は私だけです。あらゆる人に対して権利を主張できるわけではない。これが物権と債権の簡単な違いです。

新城 何かを所有できる「人間」というのを、どういうふうに定義しているんですか？

木村 「人」は、「意思の主体」です。意思の主体となれるのは、出生から死亡までの人間です。これを法律用語では、「自然人」と呼びます。

新城 「意思のない人間はいない」ということになっているんですか？

木村 事実問題としては、意思能力がない人間ももちろんいます。生まれたばかりの赤ちゃんとか、昏睡状態の重病人とか。でも、法体系で重要なのは、「人間であれば、意思の主体になれる」というフィクションです。生まれたばかりの赤ちゃんや、昏睡状態にある人でも、その人の意思を代理で表示する代理人をつけることができる。そういう形で、意思の主体として観念するっていう処理をします。

権利の主体と客体を区別して、主体の意思によって権利関係が形成されていく。それがあらゆる法の本当に基本的な部分ですね。

新城　何か、すごくわかったような感じがしてきました（笑）。

中世のキリスト教における「魂のある、なし」みたいな話っていうのは、もしかして、その意思の主体かどうかという話を別の言葉で言っていたんですかね？　確か新大陸を発見したあとで、カトリック教会が「新大陸の住民に魂があるかないか」で延々と論争していますよね？

木村　そうかもしれませんね。魂があったら人格を認めて、権利の主体になる。でも、魂さえなければ所有物にすぎないので、奴隷にできるっていう整理もありそうです。

新城　「魂はないけど、意思の主体である」というケースは考えないんですか？　それとも魂は単なる表現でしかなくて、あれは意思の主体のことを言っていたんですかね？　あるいは現にいまも言っているのか……。

木村　専門ではないので直接に調べたことはないのですが、理論体系から推察すると、もしも魂の問題が議論されるとすれば、先ほどもちょっと触れました教会法（カノン法）の議論かもしれません。中世の法は多元的に存在していて、近代法につながるのはローマ法のいわば世俗的な法体系です。一般市民法の中で「意思主体になり得るか」を考えるときには、魂の存在は問題にする必要はないはずです。

西欧近代法は中身がない？

新城　西欧近代法の基本的な発想はちょっとわかった感じがしてきました。となると、じゃあ、イスラム法ではどうなっているのか、古代古典中国では法体系があったのか、なんてことが気になってきます。

私も全然素人でわからないんですけども、日本の法律だと7世紀末から8世紀にかけて隋や唐の制度を参照してまとめられた律令格式があるものの、それ以降は、慣習法が中心で、ドカーンと体系化した法典はあんまりないというのが実感なんですね。江戸時代に入っても、刑罰関係については公事方御定書でまとめられているけれど、それ以外は慣習でやっていたような印象があります。もしかしたら、ちゃんとした体系があったのかもしれないですけど。

木村　法制史は私の専門ではないので、直接お答えすることができなくてすみません。ただ、「なぜ、西欧で近代法が生まれたのか」について学部レベルの理解を紹介しますと、西欧の近代法は、まず正しい法が普遍的に存在していて、諸々の紛争解決や行政は、その正しい法の適用によって行われるべきだという観念がある。そういう観念からすると、法律家とは、正しい法を発見する人として観念されるわけですよね。この「まだ発見されていないけれど、正しい法はあるはずだ。だからそれを発見しよう」という考え方が、前近代の日本などには見られない、近代西欧の特色だとされています。

というのは、紛争解決や行政は、別に一般的で普遍的なルールがなくてもできるんです。たとえば、「この土地はどっちの所領か」が争われたとしましょう。西欧近代法の下では、「所有権の登記があるかを見て決めよう」とか「売買契約書を確認しよう」となります。でも、「偉い人の言うことに従っておこう」とか「決闘で決めよう」とか、その場面その場面でアドホックにやっても、紛争なんて解決するわけですよ。それなのに、なぜか西欧近代では、「公平な紛争解決をしなければいけない」「普遍的に説明ができなければいけない」と考えられて、「法の支配」という発想が生まれてきたんですね。

大澤真幸さんによると、西欧近代法のもう一つの特色は、「普遍的に正しいものはあると考えられているのに、その中身が必ずしも充填されてない」ことだそうです。たとえばイスラムの法典では、コーランをはじめ、かなり細かいところまで規律されていて、好き勝手にできる余地があまりない。これに対して、西欧近代法では「正しい法はある」ってことしか決まってなくて、書かれているのは非常に抽象的な原理だけ。具体的な内容は、あとから立法や解釈で充填できるようになっている。

新城　「普遍的なものの発見」って、すごく物理学に似てますよね。というかそっちが先行していたのかもしれない。それはやっぱり西洋あるいは西洋近代に独特のものですか？

木村　そう思います。先ほど、近代法はローマ法に由来するって言いましたけれど、古代ローマ時代につくられた法が連綿と受け継がれてきたというものではないらしいです。ルネッサンス期に、なぜか「ローマ法典が発見される」という出来事があり、そのときに「ローマ法は過去の偉大な法体系である」という触れ込みで参照されて、近代法の法体系のベースとなった。「理想化されたローマ法」みたいなものが私たちの法の基盤になっているわけで、ある意味「正解の充填」だったんでしょう。

表音文字と抽象化

新城　なるほど。その「普遍的な正しさ」って、何なんですかね？

木村　「正しい解決がある」という前提で考えるということですね。明らかにキリスト教的な考え方だと思いますけども、「そこに適用されるべきルールや法があらかじめ存在しているはずだ」と観念した上で法的問題を処理するのか、そうじゃないのかは、人々の振る舞いに影響を及ぼすと思います。

新城　しかし、改めて考えてみると非常に奇妙な発想というか、人類史的に珍しいですよね。もちろん近代物理学自体も珍しい発想ではあるんですけど、よくそんなこと思いついて、何百年もかけて開発したなぁと。そのお陰で、われわれは便利に暮らしてて、ありがたいんですが、改めて考えると、常々もうびっくりするんですけども。

木村　そうですね。新城さんが『星の、バベル』で、「言語は、人類が治水作業をせざるを得なくなったためにつくられた技術だ」という仮説を示されていましたよね。

新城　仮説というか妄想というか、私の中では妄想と理論と現実の区別があまりはっきりしないんですけれども、「そういうふうに考えたらおもしろいんじゃないのかなぁ」ぐらいな感じで。

木村　法の支配もたぶんその手の技術の一つなんです。あまりに集団が大きくなると、同じ価値観だとか慣習だとかを共有できなくなる。そこでは、普遍的な正しさを求めざるを得なくなる。

新城　そうですね。先ほどの「法の支配」、特に普遍性への期待という気持ちも含めてなんですけども、「法の支配は表音文字だからできたことなのかなぁ」とちょっと前に妄想したことがあるんです。つまり、漢字やヒエログリフのような表意文字・表語文字で法律書けって言われたら、普遍的な法体系を表現できるんだろうかと、ちょっと疑問に思った。

だって、表意文字は見ただけでは読み方もわからなくて、もちろん読み方も意味も教われば学べるけども、そうなると誰から教わるのか誰の弟子になるのかがひどく重要になるし、厳密さがモヤッとしてしまうのではないかと。もちろん中国では古代から法典を書いたわけですけども、西欧の法概念とはずいぶん違いそうですし。

木村　確かに。「お金を借りた人」という抽象的な概念を表意文字で表せるかということですよね。

新城　何か絵を描いて「これがお金を借りた人だ」って言えば言えますけど、それを何百人、何千人という法律家に体系的に知らしめて、毎年教育しようと思っても、どんどん誤差も積み重なるし、解釈の対立も発生していくでしょうし。

木村　絵である以上は、そこに何か抽象化しきれないものがあるということですね。

新城　漢字は確かに抽象化されているんですけども、論語ですらどこでレ点を打つかで1000年ぐらい喧嘩したりとかしますからね。そんなことを考えると、やっぱり表音文字のほうが有利は有利だよなと。音がそのままがーんと来ちゃうわけですから、あとは音と意味さえちゃんとつないでおけば、なんとかなるのかなぁと思ったんです。こんなこと言うと「われわれはちゃんとやっとるぞー」と中国の法律学者に怒られてしまうかもしれないので、むしろ古代ギリシャ以来の原子論に由来する「とことん理屈を突き詰めたがる」文化の影響と言ったほうが誤解がないかもしれませんが。

木村　抽象的な法の支配が、資本主義経済に親和的であった、もっと言えば、資本主義経済の役に立ったのは確かでしょうね。時々言われることなんですが、「法人」という概念は、現代社会を支えるカギとなっています。

たとえば、現代社会では、会社の所有権である株式をコンマ何秒単位で移動できなくちゃいけませんが、これは法人っていう技術がないと相当難しい。会社の社屋一つとってみても、個人しか土地を所有できないとすると、株主が変わるたびに土地の登記を書き替えなきゃいけなくなる。そんなことはほぼ不可能でしょう。でも、法人という技術があることによって、社屋は会社法人の名義で登記できる。株主が変わろうと、会社が存続している限り、登記は替えなくていい。

ただ、法人というのは高度なフィクションですから、それを観念するのはなかなか難しくて、「会社は代表者個人のものだ」という考え方しか認められていない時代が長く続いていました。近代のある時期から、法人が爆発的に認められるようになって、いまのような経済体制になった。近代法は、近代社会が要求しているルールによく合っていたということでしょう。

より正確に言うと、近代法を使わなければ、近代社会が成り立たなかったというべきかもしれません。

Ⅱ　エンジニアとしての法律家

法学者も空想している

木村　さて、法学の基本的な発想をお伝えできたところで、そろそろ「法学ＳＦ」について考えてみたいんですが、新城さんは、プロのＳＦ作家として、ＳＦをどう定義なさっていますか？

新城　現状ではSFの概念は拡大傾向にある。スペオペ（スペース・オペラ）、ニューウェーブ、スペキュレイティヴ・フィクションなど何から何まで全部含めた広義のSFということになると、「普通とはちょっと違う状態の世界でのお話」という感じでしょうか。

最初にお話しした通り、そこで言う「ちょっと違う状態」は、必ずしも自然科学に関する法則である必要はない。ただしそれは、ムチャクチャな法則が次から次へとデタラメに起きるような「まったく予測できない世界」ではなく、ある程度までは何か予測できる。もしくは、可能性は幅広いにしても、その可能性に何か「根拠」があることを目指して、そこでは人間あるいは人間以外のキャラたちはどんなふうに振る舞うんだろうなぁと想像してみる。SFの一番広い定義はそんな感じではないかと私は思っています。

木村　なるほど。そういう意味では、実は「法学部は法学SFをやる場所」と言っていいと思います。「架空の法があったら人間がどう動くのか」を考えるのは、法学者として普通にやっていることですから。

新城　あっ、法学部って、そんな素敵な学部だったんだ。なんてこった、そっちに行けば良かった（笑）。

木村　たとえば、法学部では外国法を勉強します。当然、外国法は日本法とは違いますから、

「このちょっと異なるルールの下では何が起きているんだろう」と探求していくことになる。いわばSFとして読んでいるんですよね。

あるいは、「日本でドイツのこの制度を持ってきたら、うまく働くか考えよう」みたいなことも、日常的に議論しています。

新城　「制度を持ってくる」っていうのは、システムごとごっそり持ってくるんですか？　それとも条文1個だけ持ってくるんですか？

木村　場合によります。ごっそり持ってこないと意味のない制度と、部分的に持ってくるだけでも機能するものがありますから。そこもSFと一緒じゃないですかね。

日本の法律は米独ブレンド

新城　それはもう遺伝子改造みたいなもんですね。ゲノム編集して、こうやってやったら何ができるか、みたいな。

木村　そうですね（笑）。日本の法体系って、本当にゲノム編集の果てみたいなところがあります。

ごくごく大雑把に日本の近代法の歴史を振り返りましょう。まずは明治時代、日本政府は不平等条約改正の圧力などもあって、「近代的な法体系を導入しよう」と当時のエリートたちをイギリスやドイツ（プロイセン）、フランスに留学させた。日本法をつくる段階で、勉強を終えたエリートたちは、それぞれ自分の勉強した法体系をベースにしたくて、結構な喧嘩をしています。

本当にいろいろとつぎはぎだらけなのですが、「日本に一番影響を与えたのはドイツ法」ということに、少なくとも日本の法学者のイメージの中ではなっています。特に憲法は、天皇との関係で「立憲君主制を採用しているプロイセン憲法がいいのではないか」とドイツのやり方をまねたことになっています。

新城　専門用語でドイツ語が飛び交うっていう噂を聞いたんですけど。

木村　それは確かにありますね。専門家同士で話していると、「いまあなたが言った『法』は、レヒツザッツ（Rechtssatz ＝法規）のことですか?」「そうですよ」とかって感じです。日本語や英語では概念が曖昧なので、厳密に定義されているドイツ語やフランス語を使ったほうがわかりやすいことが、法学者の論文では結構あるんです。

外国法のトレンドで言うと、昔はドイツ法やフランス法を勉強する人が多かったのですが、戦後はアメリカの影響が強くなったので、アメリカ法を勉強する人が増えています。憲法学について言えば、基本的な概念は全部ドイツ法をベースにしている。でも、違憲立法審査制度（議会の制定した法律が憲法に反していないかを裁判所が審査する制度）は、アメリカで発展した制度です。戦前のドイツ法には違憲立法審査制度がなかったので、議論の蓄積がない。だから日本の憲法の教科書は、ドイツ法とアメリカ法を混ぜ合わせた感じになっています。

新城　ああ、なるほど。違憲審査制度を持ってきて、上手くはまったんですか？

木村　それなりに上手くいっているとは思います。それは、「違憲立法審査制度が必要だ」という共通認識があったのも大きいでしょうね。19世紀には、民主的な議会を確立することで精一杯、それで満足していた。だけど、第二次世界大戦の経験で、議会任せでは危ないことがわかった。だから、議会のつくる法律がその時々の国民の熱情に流されすぎないよう、憲法によってコントロールしようという議論が広く受け入れられた。

また、法律が憲法に合致しているかをチェックする制度そのものだけではなく、そのチェックポイントもアメリカから輸入されている部分が多い。アメリカでは違憲立法審査制度の実践経験がたくさんあるので、違憲かどうかを判断するための基準も割と早くから整備されてきていました。

だから日本での議論でも、英語の概念をそのまま使うことがあります。たとえば、「この最高裁判決は、ブランダイス・ルールに反している」とかって、日本の判決を批評したりすることがあります。「ブランダイス・ルール」っていうのは、アメリカの最高裁判事のブランダイスが、判決に付された意見の中でちょろっと書いたルールです。私自身は、「反しているから何だ？　アメリカの偉い判事と違うことを言っていようとどうでもいい。その判断内容が合理的かどうかだけが重要だろう」って思うんですけど（笑）。

解釈の範囲は分野で異なる

新城　へえ。おもしろいな。法学部の日常を書くだけで小説が一本できるな。私も法学には昔から興味はあって、特にSF方面からの興味があって、いろいろおもしろそうだなとは思っていたんですが、聞きしにまさるおもしろさというか、初めて聞いたおもしろさ。

でもそんなことをみんなずっと四六時中やっているわけですか？

木村　専門研究者であれば、当然そうでしょうね。もちろん、法学部の学生レベルだと、「いまの日本の制度ではこういうルールになっています」ってことを理解するだけでも手一杯かもしれませんが、「どうしてこういうルールになっているのか」を考えようと思ったら、法学SFにならざるを得ない。
　制度っていう大きなスケールの話じゃなくって、「この条文をこういうふうに解釈すると、こうなっちゃうよ」っていう条文解釈レベルの議論もたくさんしますが、解釈もいわばSFですよね。

新城　そうですよね。へえ。楽しそう。ちなみに、解釈が分かれるというのは、ぶっちゃけなぜなんですかね。学者さんたちの性格なのか、あるいは先生の教えのせいなのか。

木村　まず、非常に低レベルな話からすれば、能力不足のことも多いですね。良い解釈とは、条文の文言から自然に導かれること、他の条文や制度・法体系との整合性が取れていること、基準が明確であること、その解釈から導かれる帰結が妥当であることといった、いくつかの条件を満たした解釈です。
　それぞれの要素をどれだけ重視するかは、個人の価値観による部分もありますが、そこは多少ずれていても、それなりに理解できなくもない。議論がかみ合わない一番の原因は、他の法体系との整合性の部分ですね。たとえば憲法の解釈をやっていると、憲法そのものっていうよりも、行政法とか国法学（国家を法学的に分析する学問分野）で学ぶべき基本概念の理解にギャップがあって話が通じない、ってことが多い。頭の柔らかい人なら、そのギャップを指摘して、「この基礎概念を前提にする必要があるので、こういう解釈になりますよね」と説明すれば納得してくれます。でも、残念ながら、学問的に真摯な人ばかりではありませんから、自説を改めてくれるとは限りません。

そうした能力不足を除けば、「言葉の限界」というのもあると思います。たとえば、保育園の先生から、「来月の発表会でカエルのかっこうをするから、緑の服を持ってきてください」と言われたときに、「黄緑の服」を持ってくるのはＯＫか、について考えてみましょう。

もしも「赤い服」を持ってきた人がいたら、誰が見てもアウトでしょう。でも、「黄緑の服」だと、人によってどうしても分かれてしまう。「黄緑も緑の一種だ」という考え方もできるし、「緑というからには、黄緑は含まない趣旨だ」という考え方もできる。

どちらがより良い解釈かの決め手に欠ける場合には、争いを収める権限を誰かに、たとえば先生や裁判官などに与えて、決着をつけるしかありません。

ちなみに、講義や講演会なんかで、「どっちだと思います？」って聞いても、意見は分かれますね。大学とかのリベラルな集団だと「黄緑ＯＫ」、保守的な集団、たとえば小学校のクラスなんかで聞くと「ダメ」って言う子が多い傾向があります。

新城　へー。みんなまじめだなぁ。

木村　学級崩壊しているクラスで聞いたら、どういう反応になるかわからないですけどね。

新城　そのデータちょっと見てみたいですね。グシャグシャになっていたりするかも。

法律あるいは法律学者の人からすると、解釈が分かれるというのは、いいことなんですか？　つまり、分かれるようにわざと曖昧に書いたほうがいい法律と言われるのか、それとも、「マンセル色相環（出版業界や美術教育などではおなじみ、色を厳密に指定するための、虹を丸くしたような例のものですが）７・５ＧＹから２・５ＢＧまで」とかって、がっちり判断できるようになっていたほうがいいのか。

木村　基本的には、分かれないほうがいいとは思います。「法は明確でなくてはいけない」という基本原則がありますから。ただ、どれだけ厳密に書こうと、限界事例は必ず出てきてしまうでしょうね。

また、どこまでの厳密度が適切なのかは、法の分野にもよります。たとえば、税法とか刑事法の分野は、解釈の幅はできるだけ狭めたい。消費税を払うときに、いくら払えばいいのか解釈が分かれたら、すごく不便です。刑法が曖昧だったら、権力者から見て気に食わない奴を、恣意的に逮捕できてしまうでしょう。

これに対して、たとえば「表現の自由」で守るべき表現の範囲を、法律で詳細に定めていったらどうなるか。おそらく法適用が硬直的になりすぎて、本来なら守らなければいけない自由が侵害される危険が出てくるでしょう。

たとえば、「表現の自由は、政府による権力濫用を防ぎ、国民が政府を監視するために必要な権利だ」ということを重視して、「表現の自由を保障する」という条文を、「紛れもない真実に基づいて政府の汚職を暴く表現は保護する」という条文に変えたとしましょう。そうすると、たとえば「ゲームをつくる行為」なんかは、表現の自由に入らなくなってしまう。そうなると、「ゲームはおもしろいけど、いろんな副作用もあるし、最近では『ゲーム脳』とかも問題になっているから、規制してしまおう」ってな感じで、「『ゲーム脳』なんてものが本当にあるのか」といった科学的検証がきちんとなされないまま、権力者の好き勝手にゲームが排除されてしまう。そんな危険もあります。

ですから、ある程度包括的な条文にして、「表現行為は全部とりあえず保護します」とした上で、「個別の事情を一つひとつ合理的に考えて、規制すべきかを判断していきましょう」というルールにしたほうがいい場面もある。

結局、法律の世界では、解釈が必要な条文をつくらざるを得ない場面もあるということだと思います。

出した法案は引っ込みがつかない

新城　表現の自由の他にも、そういうタイプの条文はあるんですか？

木村　代表的なところだと、「公序良俗に反する契約は無効だ」という民法の条文なんかもあります。たとえ契約当事者が合意していたとしても、奴隷契約とか暴利をとる賃貸借契約は、人としてダメだろうということで、契約の効力が認められません。

もちろん、ダメなタイプの契約を分析して、具体的に列挙しておいたほうが、ルールとしては明確でわかりやすい。たとえば労働法には、「休日をとらせなければいけない」「時間外勤務には割増賃金を払いなさい」「年少者の深夜労働は禁止」などと、労働契約の条件がたくさん書かれています。

でも、あらゆる場合を網羅するのは無理。かといって、「ここに書いてないことは何をやってもいい」というのでは極めて危険です。そこで、「公序良俗違反の契約はダメ」という抽象的な条文を置いておいて、個別の解釈で解決しようとする。

新城　抽象的な条文をつくっておいたときの法律家の皆さんの気持ちというのは、どんな感じなんですか？　「あとはよろしく」っていう感じなのか、それとも、「これでもうバカなことは起きまい」みたいな感じでゆったり構えているのか？

木村　条文をつくるのは立法者ですが、立法者の側は「あとはよろしく」でしょうね。

新城　それを見ている法律家の皆さんの気持ちってどうなんですか？

木村　いろいろだとは思います。たとえば、刑事法の分野で大雑把な条文がつくられてしまうと、検察や警察が喜んで権力を濫用するかもしれない。国民の自由を重視するタイプの研究者や弁護士は、そういうときには結構いきり立ちますよね。共謀罪についても、まさにそうでした。

新城　法律家の皆さんは条文をつくる前の立法過程で、「ここの条文はいかん」というのは言っていくわけですよね？

木村　もちろん自分の法分野であれば強い関心を持ちますし、弁護士会や学会の有志などが声明を出すこともあります。また、内閣が重要な法案を練る際には、専門家を集めた審議会を経由しています。審議会の答申が出たり、法案がまとまったりした段階で、法学系の専門雑誌で特集が組まれ、論文が発表されることもあります。

新城　そういう論文を読んで、政治家の皆さんは、法案に賛成するか反対するか決めたり、修正案を出したりするんですか？

木村　それが理想ですけど、どこまで理解して国会の審議に加わっているのかは、ちょっと疑問もあります。私も国会議員の勉強会の講師として呼ばれることもありますが、政治家の皆さんが、「ちゃんとした法律をつくろう」という動機で動いているときには、専門家の話をちゃんと聞いているように感じます。しかし、「誰が何と言おうと、この法律を通したい」という場面もあるんですよ。

新城　それは政治的な事情ですか？　あるいは人間的な事情ですか？

木村　政治的な事情だと思います。たとえば２０１５年の安保法制について言うと、自衛隊が活動する中で法の解釈・適用で不便な部分は実際にあった。あのときの法案の大部分は、そこを修正するものだったんです。

ただ、「限定的な集団的自衛権を行使しよう」とか「後方支援として弾薬も提供しよう」とか、憲法違反の疑義がかなり強い部分、あるいは、自衛隊員の安全を考えたときにどうしても危なっかしい部分もあった。でも、この法律を通すことに面子を懸けてしまっているので、引っ込めるわけにいかない。

最終的には、法律の運用に重要な影響を与える附帯決議がついていますから、与党だって法律に欠陥があることは自覚しているはずなんです。でも、法案を修正しようとはせずに、突っ走るしかない状態になってしまう。

「未来への余白」とは

新城　そういうときって、法律家の側はどうするんですか？

木村　法律家の側にも面子が懸かっていますから、「ひどい法案や法解釈を止めるために私たちはいる」という感覚が、当然、法律家にはあると思います。

新城　たとえば、あまりにもひどい法案が通っちゃうと、そこのジャンルを担当している法学者の皆さんは、周りの人からなんか後ろ指を指されたりとかするわけですか？「おまえは何やってるんだ」みたいな。

木村　他の人から面と向かって責められるかというと、むしろ同情される感じが強いです。ただ、やはり自分たちの無力さに、責任の一端を感じる部分はあるのではないでしょうか。少なくとも私はそうですね。

だから、法律が制定されてしまったとしても、運用で適切な範囲に収める方法を検討したり、改正案・修正案を提案したりと、なんとかましになるように努力しますね。

新城　別に自分たちがつくったわけじゃないのに、自分たちのジャンルだというだけで責任を負うんじゃ、辛いですね。

いま、J．D．サリンジャーの『キャッチャー・イン・ザ・ライ』をふと思い出しちゃいました。あのタイトルのイメージ元は、崖っぷちのライ麦畑で子どもたちが遊んでいて、その子どもたちが崖を落ちそうになったらきちんと守ってあげるキャッチャー、それに僕はなりたいとかって少年が言うんですよね。

法律家の人たちの話を聞いていたら、子どもたちが「ああーっ」て落っこちてきたときに、「おまえ、何やってるんだ」って言われてるような感じがしました。

木村　おっ、実は、信義則のことを考えているときに、「まさにこれだな」って思ったことがあるんですよ。信義則っていうのは「信義誠実の原則」の略称で、「市民関係は、互いに相手の信頼や期待を裏切らないように誠実に行わなければならない」という原則です。先ほどお話しした公序良俗と並ぶ民法の一般原則です。

通常であれば、民法の中の個々の条文に照らしていけば、守られるべき人は守られるし、悪いことをすればそれなりの制裁がある。でもやっぱり、事前に配置した安全装置では救済できない、キャッチできないことがあって、最後の頼みの綱として、「本当にこの結論でいいのか。これを許したら人の信義に反するんじゃないか」と問われるんですね。

違憲立法審査制度だって、最後のキャッチャーです。法律をそのまま適用すると、誰かの人権が侵害される、人としての尊厳が損なわれるというときに、法律の解釈を修正したり、場合によっては条文の効力を失わせたりして、人を守る。「すべての人が人として尊重される社会を実現したい」という見果てぬ理想を胸に抱きつつ、日々あくせくしている。私の法律家イメージはそんな感じがあります。もちろん、自分の地位や名誉、お金のために専門知を使っているだけの人もいるのかもしれませんが。

法学者が最後の砦になるためには、法律に「未来への余白」みたいなものが必要です。現時点で予測可能な不正義は、なるべく事前に手を打つ。でも、予測不可能な不正義は必ず生じますから、それに対応するだけの柔軟さが、法律には、あるいは法律家には必要です。

新城　そうなると、常にそれは気をつけてないといかんことなわけですよね。

木村　ええ。法律家が社会に一定数いて、問題が起きたときに何か言えるようにしておく必要があります。そのためには、法学者は権力との関係に気をつけなきゃいけない。権力者の側から見たら、自分たちが望む政策を実現しようというときに、「最後の砦」として粘られる可能性がある。権力者から見たら嫌な奴らではあるんですね。

ナチス政権は、自分たちに都合の悪い法律家を追い出して、逆に、ナチ法律家協会をつくって、著名な法律家を幹部にすることで取り込んでいましたよね。

閣議だけで基地をつくるのは違憲

新城　お話を伺っていると、法律家は理論を追求するサイエンティストであると同時に、現場を支えていくエンジニアでもあるのかなぁという感じがしてきました。現場で必死になってバルブ締めて、「エンジン回せー！」とかって頑張っているような部分がある。

木村　そうですね。法学者にもいろんなタイプがいて、現場のエンジニア派も確実にいると思います。SF作家みたいに「こんな法律をつくるとどうなるか」を一生懸命考えている人たちもいれば、「そもそもこの法律って、どんな理由でできたんだろう」というのが気になる歴史家みたいな人、あるいは数学者みたいに「問題を解くのが好き」なタイプもいますけれど。

新城　「法律の問題を解く」と言うと？

木村　たとえば典型的には自衛隊の話ですね。九条が「戦力の不保持」を定めている。でも、自衛隊は存在している。さらに、その基礎となる前提として、国際法や他の憲法条文もいろいろある。これらを与条件として、最適解を見つけましょうみたいな問題ですね。

これへの解は、「こんな社会にしたい」といった動機や、「自衛隊を持つべきか」といった価値判断からは区別されるべきです。諸々の与条件をもっともきれいに説明するにはどうしたらいいか、きれいな解釈、良い解釈を探そうというスタンスで取り組まなければいけません。

新城　そういうきれいな解釈をすると、法律家の皆さんも「やったー。お酒がおいしい」みたいな快感を覚えるんですか？

木村　まさにそうですね。私は最近、沖縄の辺野古新基地建設問題にちょっと関わっていて、訴訟のために意見書も書いているんですが、それを検討する中で、「これは技が全部きれいに決まった！」っていう感覚がありました。

この問題を解くには、まず、辺野古問題の核心がどこにあるのかを見極める必要があります。もっとも、沖縄の人々の中にも、「米軍基地の撤退はもちろん、日米安保まで解消せよ」という人から、「どうせ米軍基地はなくならないんだから、有利な経済条件を引き出そう」という人までいて、スタンスは本当にいろいろです。だから、「本当の沖縄の気持ち」というのは見つけようがない。そこで私は、翁長沖縄県知事の主張にひとまず耳を傾けることにしました。

翁長知事は、日米安保が日本の安全保障にとって重要であること、沖縄が地理的に重要な場所であるため米軍基地の負担をある程度負う必要があることは受け入れています。ただ、その負担が極端に沖縄に集中していることについて、「沖縄差別ではないか」と訴えている。また、菅官房長官の「粛々と基地建設を進める」という発言を強く批判したことによく表れているように、政府が沖縄に十分な説明をしようとしないこと、沖縄と対話の姿勢を示さないことに、怒っています。

ということは、いま必要なのは、政府が沖縄の人々の声に耳を傾けなくてはならなくなるような工夫です。それを実現できるような憲法解釈がないかを考えました。

出発点は、米軍基地の場所をどうやって決めているのかです。実は、いまの日本では、在日米軍を置く場所を、内閣が閣議決定で決めているんです。「こんな大事なことを内閣だけで決めていいのか、憲法違反にならないのか」という疑問は当然生じますよね。

新城　国会でやらないといけないんじゃないかと。

木村　はい、まさに国会が法律で決めるべき「法律事項」じゃないかと感じました。そう思いながら改めて憲法を読んでみると、憲法九十二条に「地方公共団体の組織及び運営に関する事項は、地方自治の本旨に基いて、法律でこれを定める」と書いてある。つまり、自治体の自治権の制限につながる事柄は、法律で決めなければいけないっていう条文があるんです。米軍基地の中には、地方自治体は基本的に立ち入れませんから、地元自治体の消防権や都市計画権が当然制限されます。こうした自治権を制限するには、法律が必要だと憲法が言っているので、閣議決定だけで基地をつくるのは違憲でしょう。

さらに、米軍基地の設置場所を法律で定めるとして、「内閣が好きな場所に設置する」というのでは、内閣への白紙委任となり、適切な法律とは言えませんから、やはり違憲です。名護市や沖縄県に対してどの自治権をどこまで制限するのかを具体的に決めるため、「辺野古基地設置法」のような法律をつくらなければいけないはずです。

そうすると、これまた憲法九十五条には、「特定の自治体にしか適用されない法律には住民投票が必要」という条文がある。沖縄県や名護市の住民投票で賛成を得るためには、政府は住民が納得するだけの説明をしなければいけなくなる。

建築との類似性

新城　なるほど。すごい。歯車がカチカチカチカチっとはまっていく。なんだか、新たな定石が見つかったみたいな感じですね。

木村　本当に、私も「これだっ！」って感じました。いままで誰もそんな議論をした人がいなかったので、あれこれ言われるんですけど、案外、理論的には隙がないんですよ。

新城　なぜいままで誰もこれをやらなかったんだって感じですね。すごい。

木村　憲法がわれわれの解釈に託した「未来への余白」みたいな感じですよね。

そう言えば、先ほど紹介した山本理顕さんが、建築の世界でも「未来への空白」みたいなのを考えたことがあるんです。

邑楽町《おうらまち》という小さな町で、住民参加、つまり住民の意見を柔軟に吸収できる建築をテーマに、新庁舎のコンペがありました。ここには矛盾した要請が併存しています。一方では、建築である以上、一つの形がなければいけない。他方で、住民の意見を吸収するには、形を決めてはいけない。

この要請に応えるために山本さんが出したのがＯＲＡユニットでした。ＯＲＡユニットというのは、スチールの角パイプを溶接してつくった２ｍ四方、厚さ80㎝ほどのパーツです。このパーツを上下左右に組み合わせて、床、壁、天井をつくるんです。

新城　変えやすくしているということですか？

木村　建築設計を考えるときには、給排水管をどこに収めるのかみたいなことに気を使わなくてはいけないので、素人にはとても難しい。でも、ORAユニットでは、厚さ80㎝の中は空洞ですから、そこに給排水管を通すスペースなどを確保できます。だから、ユニットのミニチュアを用意すれば、ブロック遊びの感覚で、普通の市民が建物の設計に参加できるんです。

新城　強度はちゃんと保たれるんですか、それで。

木村　ユニット間の鉄骨を特殊なバンドでつなぐのですが、実物大模型もつくったりして、強度の確認はちゃんととれたみたいです。

新城　ええー、すごい。たとえば、被災地とかにこのユニットを送って、その場でぱぱーっと必要な形に組み立てる、みたいな応用もできるのでしょうか？

木村　山本さんに災害時の応用可能性は聞いたことはありませんが、確かに、おもしろそうですね。ユニットをつなぐのが溶接ではなくバンドなので、用途が変わったら組み替えられるらしいんです。

建築って、完成の瞬間から時々刻々と時代遅れに向かっている面があると思うんですけど、こういうふうに、「未来への空白」を広げるような建築もあり得るんだと。法律も、できたときからその裏をかこうとするずるがしこい人がいたり、新たな問題が生じたりして、常に時代に遅れる宿命があるんですが、そこを一般条項でフォローしていく。山本さんの提案は、非常に法制度的な建築だと思いました。

新城　これはおもしろいな。ゲームのデザインでも、「ゲーム自体の細かいルールじゃなくて、それのルールを決めるルール、メタルールが美しいのがいいゲームなんだ」と言われたりするんですよね。実際に、いわゆる「ゲーム」ではない普通の遊び、たとえばトランプとかでも、実際の細かいルールよりも、一つ上のメタルールがよくできていると長持ちすることが多い。

60年代には、「メタボリズム建築＝新陳代謝する建築」が提唱されましたよね。黒川紀章さんの中銀カプセルタワービルも、もともとは組み替えられるものとして設計されていたとか。これも「未来への空白」の一種ですよね。老朽化が激しいので建て替えの話も出ているんだけど、あまりにも有名になっちゃったんで、そのまま保存しようみたいな動きがあるっていう話も聞きました。

「法律家」とは誰か？

新城　法学の世界の話って、聞けば聞くほどおもしろいんですが、ちなみに「法律家」と言った場合、法学者のほかに実際の裁判官とか弁護士とかも全部含むんですか？

木村　文脈にもよりますが、基本的には全部入ると思います。「法律家」は「法律学の専門的なトレーニングを積んだ人」というぐらいのニュアンスなので、かなり広いです。場合によっては、自動車保険で賠償金を調査する人とか、銀行で相続の相談をしてくれる人とかだって、その分野の専門的なトレーニングを積んでいますから、法律家と言えますね。

新城　裁判官と法学者の方って、どういう会話を交わすんですか？　それともあんまり交わさないのか……。

木村　私自身は、直接の交流はないです。裁判官は割り当てられた訴訟について判決を書く。法学者はその内容について評価したり、あるいは判決を先回りして、こう考えるべきではないかと論文を書いたりする。

新城　そうすると、同じジャンルというか同じ専門領域だと、「またあいつか」みたいなぶつかり合いっていってあるんですか？

木村　憲法学だと最高裁判決に特に注目するわけですが、アメリカの最高裁判事ほど強烈な個性があるわけではないにしても、継続的に観察していくと、「この人はいつも感覚的だよな」とか、「非情なまでに形式論に徹する人だな」とかってことはもちろんありますね。

新城　ああ、やっぱりそういう面もあるんだ。
裁判官となんかのパーティですれ違ったりなんかしないんですか？

木村　立法作業に深くかかわる研究者だと、法務省に出向している裁判官と一緒に法案を検討するような機会もあるのかもしれませんが、私自身はまったく交流はないです。裁判官があまりに社交的だと、裁判の中立性が疑われてしまいかねないので、控えている裁判官も多いのかもしれません。

私の裁判官との交流と言えば、東大法学部の教員と司法研修所の教員が参加する、年1回のソフトボール大会ぐらいですね。司法研修所というのは、司法試験に合格した人たちが、弁護士や裁判官になる前に実務の勉強をする場所です。

新城　ほおー、それはおもしろい。野球じゃなくてソフトボール？

木村　そうそう。私は助手だったころに参加させられて。

新城　「させられた」ってことは、志願して参加するんじゃないんですか？

木村　いや、東大側は人数が足りないので助手は絶対参加（笑）。

新城　そこだけ微妙に体育会系だ。ちなみに、いつから続いているんですか？

木村　いつからかはわかりませんが、随分昔のはずですよ。もう私のころには動かしがたい伝統でしたから。

新城　それは夏にやるんですか？

木村　秋です。

新城　スポーツの秋、年1回だけね？　へー。毎年のスコアってどこかに残ってないんですかね？

木村　残ってないと思います。

新城　勝率はどっちが何割？

木村　勝率は、確か研修所のほうが強いんじゃなかったかな（笑）。

新城　おもしろいなぁ。想像したら、それだけで一本小説書けちゃう。私はもう、おもしろくておもしろくてしょうがないんですけども、このおもしろさが果たして読者に伝わるのかどうか、すごく不安になっています。

木村　どういうところがおもしろいんですか？

新城　いや、まず全然知らなかったというところはありますし、聞けば聞くほど、SF作家がやっているようなことをやっているんだなぁというのもあります。

法律家の皆さんは、サイエンスとエンジニアのぼわーんとした広まりの両方に足がかかっていて、とにかくそこで頑張っている。そういう人たちの日常を妄想するだけでおもしろいんですよ。だって、もしわれわれの住んでいるここが巨大な宇宙船だったとしたら、宇宙船のガタを補正しようと必死になってバルブを締めて、それと同時に、レーダーチェックして、次はどっちの星に向かうかなんてことを喧々囂々《けんけんごうごう》とやってるわけでしょ。大変だな、おもしろいなぁと、まさに感じますよね。

小説家なんて別にいなくてもいいかもしれないので、法律家とSF作家が同じと言うのもあれなんですけど。

木村　いえ。物語の力って偉大ですよ。実は、きちんとした物語がないと、法は機能しないんじゃないかと思うんです。次は、フィクションの話を伺っていきたいと思います。

Ⅲ　フィクションと現実

トランプと秀吉は似ている

木村　アメリカ大統領選では、各種メディアの事前予想に反して、トランプ大統領が誕生しました。既存政党に不満を持つ人たちが、暴言なんかも含めてトランプ氏に熱狂し、その様子に関して「トランプ現象」なんて言葉も生まれました。

トランプ現象をどう理解すればいいのだろうと思っていたときに、新城さんがツイッターで、「調べれば調べるほどトランプって秀吉と似てる」とおっしゃっているのを目にしたんです。「これはおもしろそうだ」と感じて、もっと話を伺いたかったんです。

新城　いまの普通の人がイメージしている秀吉像って、「人たらし」で「明るくて」とかいうことになっていますけど、あれはほとんどすべて、司馬遼太郎がつくったキャラ設定なんですよ（笑）。そこから離れて、歴史学で解明されてきている実際の豊臣秀吉について調べていくと、トランプ氏と本当に似てる部分が多いんです。ざっとキーワードを並べると、「金ピカ大好き」「女性好き」「再開発」「景気浮揚策」「壁」。

まず、「金ピカ大好き」。これはそのまんま。秀吉は大坂城とか実に巨大なものをつくっています。トランプもトランプタワーで有名ですし、それ以外にも、やたらと大言壮語したがる。「女性好き」も、まぁ、そのままですね。

あと、「再開発」と「景気浮揚策」に熱心。秀吉は京都に御土居《おどい》（京都を囲む土塁）をつくったりとか、あるいは聚楽第をつくったりとか、あるいはお金をばらまいたりとかして、当時の畿内の地域経済には非常にプラスに働いたとは思うんです。トランプ氏も、大統領選の勝利宣言演説で、インフラへの積極投資、つまり、高速道路や橋、トンネル、空港などを建設して、雇用を創出すると強調しています。大幅な減税も公約しているので、景気向上への期待が高くなっています。

「壁」っていうのも、秀吉のやった御土居って、まさに京都を囲む壁なんですよね（笑）。御土居については、一般的には「京都を守るため」だと思われているようですが、本当のところは、「京都から帝《みかど》を出さないため」の防護壁だったんじゃないかと私は妄想していまして。トランプ氏も、メキシコ国境に壁をつくるっていうので当選したわけです。

木村　確かに、やっていることが不思議なくらい一致するんですね。

新城　あと、「自分自身の理想像を演じたがる」というところも似ているんです。トランプ氏は1987年に自分の「自伝」をゴーストライターに書かせている。もうこの時点で変な人なんですけど、そもそもが自分に対して批判的なライターをつかまえてきて、「お前なかなかおもしろそうな奴だ、やってくれ」って言って書かせたという。

そこで書かせた内容が、当時のトランプの実像とかけ離れた「理想的な若手実業家のトランプ」、理想的なニューヨークの再開発業者・不動産業者なんですね。彼はそれをえらく気に入ったらしくて、90年代以降のトランプは、本に書かれた理想像を演じているのではないかと思うような行動をとっている。

一方、秀吉は、明智光秀を倒したり、柴田勝家を倒したり、九州を征伐したりっていう、自らの戦功というか時事ネタを題材に、部下にわざわざ新作の能として脚本を書かせて、しかもそれを帝の前で自分で舞っているんですよ。本人は喜々としてやっていたのではないかと思うんですけども、これはかなりキテるキャラだと思いますね。見られていることが快感になっているような。

もちろん違うところもたくさんあるんですけども、似ている部分も多いので、今後のトランプ政権を予測するきっかけにはなるのかなと思います。

たたき上げの大将

木村　当時の文脈だと、まあいまでも続いているんですが、「ブレグジット"Brexit"」（イギリス"British"のEU離脱"Exit"を意味する）や、フランスの右翼政治家のルペン氏といったものを象徴する、「ポピュリズムの親玉」みたいなものとしてトランプを捉える論説がかなり有力だった。そんな中で、「トランプ氏は秀吉じゃないか」っていう視点に、すごく目を見開かされたんです。我々には豊かな歴史の蓄積があるので、相似形を探すときに、いま起きている現象から探す必然性はないんだと気づかされた。

私が最初に見た2016年11月9日のツイートでは、「注視すべきなのは…『誰が側近／茶坊主／寵臣として勝ち残るのか？』」と新城さんは書かれていた。つまり、秀吉は成り上がり者なので、自分だけですべての政務をつかさどれるような能力は持ってない。そうすると、秀吉に耳打ちする人、いわば側近になる人間が実際には政治を動かすことが多くなる。この構造も、秀吉政権とトランプ政権が非常によく似通る可能性があるんじゃないかと。

新城　トランプ氏には、従来の大統領候補者のような専門のスタッフはいないでしょうね。秀吉も何だかんだ言って現場たたき上げですから、当初は家臣団もいなかった。当時の戦国武将は、「下克上」と言いつつ「中克上」ぐらいなところなんですよ。本当に一番下から一番上まで行ったのは秀吉だけ。家康だって家臣団がちゃんと三河にいましたし、織田の一門だって守護代のそのまた家臣ぐらい。つまり、子どものときから文字も書けりゃ、お茶も飲めるし、その彼のために死んでくれる部下が100人ぐらいはいたはずです。でも秀吉は本当にゼロから始めてトップまで駆け上がったし、いつごろ文字が書けるようになったかも、よくわからない。

木村　アメリカ大統領で言うと、たとえばビル・クリントン氏が当選したときは中克上みたいなところがありましたよね。

当時の民主党内では、超エリートのゴア氏が有力だった。でも、ゴア氏を温存してクリントン氏を立てたら、すごく当たった。ただ、ゴア氏のような超エリートではないにしても、クリントン氏がまったくのたたき上げかって言うとそうではありません。

新城　そうですね。アーカンソー州知事をやっていたんで、大きな行政組織をまわした経験はあった。大統領になったときには、アーカンソーから州知事時代のスタッフを持ってこられた。

木村　トランプ氏はそれがまったくないところが、秀吉とよく似ている。

新城　そうなんです。だからこそ人事で大揉めに揉めるんですけどね。

当選直後から再選狙い

木村　新城さんは「トランプ政権の人事の基準は1・5個しかない」とおっしゃっていましたよね？

新城　はい。Ｇｏｏｇｌｅ＋のほうで書いていましたね。

ごく簡単に言うと、「1個は、トランプ政権の人事基準は、それまでのアメリカ政治、なかんずく民主党政権に対する壮大な嫌がらせではないか」というのが私の妄想的仮説でして――ちなみに残る「0・5」の部分は「憲法修正25条の政務不能審判で自分がクビにならないように、無能な茶坊主で過半数を埋めておき、肝心なところだけ有能な人材を外から持ってくる」という戦略なのですが――。

つまりこの国をどうしようとか、あるいは自分の財産を増やすとかですらなくて、前の民主党政権、特にオバマ前大統領が嫌がることだったら何でもやる。その結果、アメリカがダメになってしまうリスクをあんまり考えてないのではないか。

そういう仮説に基づいたほうが、トランプ氏が次に何をやるか、あるいは何をやらないかを高い精度で予測できそうだ、っていうのが現時点の私の発想です。

嫌がらせを実現するために何をやるかっていうと、まずは大統領をもう一期やりたいと。実際、トランプ氏はフロリダで次の選挙のための運動を事実上開始しているんです。確かに、当選後しばらくは選挙運動をしてはいけないなんて法律には書いてない。でも、普通やらないですよね。当選して1カ月経ってない新大統領が4年後の選挙のために選挙運動を始めるなんてことは。

これまでは、選挙の1年半くらい前から、「よーし、再選運動だ」って選対本部ができて、ボランティアをかき集めて始まるのが当たり前だったんです。しかし、トランプ氏は2017年1月時点で、2020年用のキャッチフレーズも考えている。「Keep America Great」になるらしいです。選挙委員会（FEC）に、「正式な立候補ではありませんが、寄付金が立候補に必要な法定下限額を超えたのでお知らせします」と書簡を送っているんですよ。

しかもそれを選挙委員会に出したのは、1月20日の夕方。

木村　20日って就任式の日じゃないですか（笑）。

新城　つまり、就任式の午後に彼は実質的に「再選運動やりますよ、だから寄付してちょうだいね」と宣言しているんです。

もっと言うと、いま副大統領をやっているペンスあたりが、そのあとの2期、合わせて4期連続の共和党政権を絶対に狙ってくるはずなんです。過去のアメリカの大統領では、レーガン&ブッシュとか、最初の大統領とその後継者で通算3期連続っていうのは何度かあるんですが、最後の4期目はうまくいってない。ルーズベルトは4期やって亡くなりましたけども、その後で法律が改正されて、一人当たり2期までしかできなくなった。それ以来、4期連続で一方の政党が大統領職を勝ち取るというのは、共和党も民主党もやってない。彼の頭の中では、それをやりたくてしょうがない、「それを実現するのは俺なのだ」てなことにたぶんなっていて（笑）。

オバマへの強烈なライバル心

新城　あともう一つは、たぶんイスラエル・パレスチナの和平交渉を成功させて、ノーベル平和賞をとりたがっている。

木村　ノーベル平和賞⁉

新城　これは何でかって言うと、オバマ前大統領がもらっているからです。
オバマ氏の受賞理由は、「核軍縮に前向きだから」ということに表向きはなっていますけど、まあ多分に政治的なジェスチャーというか、ブッシュ時代への反発として、就任して9カ月目でノーベル平和賞をいただいているんです。なので、トランプ氏はそれを超えるために絶対欲しがっているはずです。もちろん実現可能かどうかは別問題ですが。
これまでトランプ氏がやったことは、下衆な言い方をすれば、全部お金で買えることなんですけども、ノーベル賞が金で買えるかどうかは、私もちょっとわからない（笑）。ただ彼の頭の中では、「4期連続共和党」と「ノーベル平和賞をとる、買いにいく」のは絶対あるはずです。もしくは、「同賞に匹敵する（という触れ込みの）賞」を新たにデッチあげて、自分で自分に授与するとか。
木村　秀吉には、「既存のエスタブリッシュメントへの嫌がらせ」っていう要素はあったんですか？
新城　それは難しいところですね……。嫌がらせとまでは言えないけれど、歴史に名を残すという意味で、「前例にないことをやりたい感」はすごく感じます。それこそ全国統一も含めて。

ただ秀吉の場合、直前の権力者が自分の上司だったんで、あんまり真正面からそれを否定するのも難しい。最終的に織田家を権力の中枢から追い払うまでに、結構手間ひまかけてやっている。そこはトランプ氏とはちょっと違うかもしれないですね。

木村　なるほど。

新城　トランプ氏の場合は本当に、まさに自分のことを馬鹿にして笑い者にしたオバマ前大統領が、いや本当は馬鹿にしてないんだけど、馬鹿にしたとトランプ氏のほうは思っているところのオバマ氏が直前の大統領なので、それに対する強烈な対抗意識を感じる。

でも、それ以外の部分には興味がなくて、さっき言った茶坊主たち次第なので、話がややこしい。つまり、同性愛者差別とか、メキシコ人排斥とか、中国と戦争したいとかってことは、たぶんトランプ本人でなく、周りにいる人たちの問題です。彼の側近は本当に思慮分別がなくって、ギャング・エイジの子どもがそのまま大人になっちゃったような人たちなんで。

木村　勉強になります。

新城　いやいや（笑）。妄想ですから妄想。

最高裁人事が投票に影響？

木村　私も自分なりに、トランプ氏の当選要因を分析しようといろいろ調べたんですが、まず意外だったのが、トランプ氏がわりと普通の共和党候補として得票したことです。

というのは、ブッシュなどの共和党主流派の人たちは「トランプは嫌だ」と言っていた。もしも共和党の支持者たちがそうした主流派の主張に乗ったならば、共和党が勝っていた州で民主党が勝つ、レッド・ステート（共和党の支持州。党のシンボルカラーでそう呼ばれる）がブルー・ステート（民主党の支持州。党のシンボルカラーでそう呼ばれる）になるという現象があってもおかしくなかったはずです。でも、トランプはレッド・ステートをかなり手堅く固めていた。

じゃあ、いわゆる普通の共和党員のトランプ離れを止めた要因は何なのか。その理由の一つに、最高裁の人事があるのではないかと考えたのです。

アメリカ大統領は最高裁判事の指名権を持っています。2016年2月に、最高裁判事のスカリア裁判官が亡くなった。スカリアは、レーガン大統領が指名した、典型的な保守派の裁判官です。アメリカの保守派の裁判官がどういう人かというと、「アメリカ合衆国憲法ができたときのように憲法を解釈しよう」っていうスタンスなんですね。

アメリカ憲法ができたときには、奴隷制がありました。奴隷解放宣言をしたときの憲法修正も、「黒人と白人は平等に法の保護を受けなければいけないけれど、黒人と白人を分離するのは許される」という前提でした。ですから、「できたときのように解釈しよう」とすると、保守がちがちな解釈になるんです。

たとえば、2015年6月に連邦最高裁判所が同性婚について判断しました。アメリカでは、婚姻は州法の領域とされていますから、同性婚を認めるかどうかは各州の法律で決めます。アメリカでは、州によってはすでに同性婚が制度化されていましたが、同性婚を認めていない州や、場合によっては、同性愛行為を刑法の処罰対象にしている州もあった。そんな中、まだ同性婚を認めていない州の住人が、「同性婚を認めない州法は憲法違反だ」と訴え、連邦最高裁は、憲法違反だと判断しました。

このとき、スカリア裁判官は同性婚を認めなくても合憲であるという反対意見を書いています。この反対意見がおもしろい。「同性婚を認めないことが違憲だとしよう。違憲とする根拠条文は1868年にできた条文なのだから、150年ほど我が最高裁はずーっと間違ってきたことになる」と指摘したあとに、過去の偉大な連邦最高裁の裁判官の名前を次から次と挙げるんですね。「オリバー・ウェンデル・ホームズとか、ブランダイスとか、誰とか、誰とか、この全員が間違ったっていうことになるんだよね？」みたいなことを書いている。「おー、これが保守派の裁判官か」と思いました。

アメリカの最高裁の構成は非常に微妙なバランスで、保守派の共和党指名裁判官が、スカリア裁判官を含めて4人です。指名政党で言えば5なんですが、そのうち1人は、裏切り者というか中間派のケネディーなので、保守派にはカウントできない。対するリベラル派の裁判官も4人です。

もしも、スカリアのあとにリベラル派を補充されると、連邦最高裁は保守派3、中間派1、リベラル派5と、大きくリベラルに振れてしまう。そういう状況の中で選挙戦に突入したわけです。クリントンに指名権が渡っては、保守派としてはたまらない。最高裁判事の指名が、投票行動を決めるかなり大きな要素だったんだろうと思います。

実際、投票直後の出口調査を見てみると、「連邦最高裁の指名権は、あなたにとってどれぐらい重要な要因でしたか？」という項目について、実に21％が「Most important factor（最重要要因）」、48％が「Important factor（重要要因）」と答えている。しかも、最重要と答えた人の過半数が、トランプに投票している。

最高裁の指名権が共和党の支持者のトランプ離れを防ぐのに貢献したのではないかというのが、私の印象です。

トランプ支持を子どもに言えなかった親たち

木村 それに加えて、最後のところでトランプ現象みたいなことまで起こる。アメリカ大統領選は、だいたい6000万票とれば勝ちですが、5000万ぐらいは保守派がしっかりと固めていたということですよね。

新城 「トランプ氏に入れた」というよりは、「クリントン氏を大統領にしないために、そうするしかなかった」という。

木村 そういう面はあるのかなと思いました。もう一つ、先日、大澤真幸さんとトランプ氏について対談したときに、大澤さんは「世論調査でウソを答えた人が多かったっていうのが大変おもしろかった」とおっしゃっていました。

新城 それは興味深いですね。

木村 そのとき私が思い出したのが、アメリカの教科書をつくっている会社が実施している子ども投票世論調査です。小学生と中学生に対して、「どの大統領候補がいいですか?」と世論調査しているのですが（http://election.scholastic.com/vote/）、トルーマンで1回はずした以外は、20世紀以降全部当てているそうなんです。

何で当たるかっていうと、「ブッシュはこういう人、ゴアはこういう人……」と親が話しているのを、子どもが聞いているからじゃないかと言われています。

今回、子ども投票では、クリントン氏52％、トランプ氏35％でクリントン氏が圧勝した。そのデータを見た人は、「これはもうクリントン勝勢だ」と言っていたのに、実際にはひっくり返ってしまった。これは、家庭の教育的配慮から、トランプ支持を口にはできなかったのではないかと。

新城　家でも言えないような恥ずかしい候補者だったと。すごいですね。

まあしかし、「心の奥底の真実を投票箱で表現する」っていうのは民主制の本質ですから（笑）。

しかしすごい話ですね。子どもにも言えない、「18禁大統領」の誕生。トランプ氏が他人を攻撃するのを見ていると、ちょっと子どもには見せたくないという感覚はわかります。

これは、アメリカでニュースを書く人の中でもちらほら出ていた話なんですが、トランプ氏が相手候補、特にヒラリー・クリントン氏を攻撃するときのネタは、そのあと調べてみると、たいていトランプ氏自身にあてはまることが多い。

たとえば、トランプ氏は「ヒラリーはニューヨークの金持ち銀行に毒されている」と攻撃しましたが、トランプ氏は巨大銀行ゴールドマン＝サックスの人間を閣僚に入れている。あるいは、「ヒラリー・クリントンのだんなは浮気していた」なんて批判もしましたが、自分も奥さんを取り換えた上に浮気もしていたりする。ヒラリー氏以外の候補に対しても「ウソつきテッド」とかあだ名をつけて揶揄《やゆ》していたんですが、トランプ氏自身もウソばっかり言っている。

フェイクニュースは近代以前から

木村　そういえば、沖縄の辺野古基地反対運動についても、同じような現象がありました。「基地反対派は2万円の日当をもらっている」というデマが流れた。そもそも日当なんて存在しないのですが、それにしても「2万円」ってずいぶん高額ですよね。それで、「どうしてこんなデマが流れたんだろう」と考えてみると、実は、海上保安庁が、地元の漁船に警戒船としての活動を委託していて、その日当に船長に5万円、同乗する警戒員に2万円ほど支払われているという事実があるらしいんです（『沖縄タイムス』２０１６年7月2日「辺野古『警戒船』への日当、2年で5億円以上　漁師間で摩擦も」)。漁師たちは、基地建設のせいで漁ができないですから、その補償金として受け取っているようなんですけれども。

自分たちの後ろめたい部分を、相手側陣営を批判するデマに使うという現象は、確かにありそうです。

新城　現にそういう現象は起きていますよね。それがなぜなのかよくわかりませんが、何か心理学的な問題が絡んでくるのかもしれないですけど。

この点について、モンティ・パイソンのメンバーだったジョン・クリーズは、「全体主義政権っていうのは相手を攻撃するときに、自分たちの悪行を相手になすりつけるんだ」って指摘をネットでしていました。

そうやってトランプ氏は、ムチャクチャなことを言って一日をやりすごし、翌日になだれ込むというのが、大統領選からずっと続いている。もちろんフェイクニュースもその片棒を担いでいます。

木村　トランプ氏は、大統領就任直後にも「CNNはフェイクニュースだ」とか言っていましたね。

新城　そうそう。急に言い出すんですよ、なぜか……。

木村　世論調査で支持率が低く出ると、それも「フェイクニュースだ」って（笑）。冗談かと思ったら、トランプ氏は本気で言っている。

新城　言ってる本人が自分の発言を信じているのは、どうも間違いないんですよ。だから「そんなことを誰が言わせているか、その茶坊主は誰か」というあたりを想像してしまう。ある意味、彼はフェイクニュース的なものと非常に相性がいいんだなぁと。

ただし気をつけなくちゃいけないのは、フェイクニュースという概念は、もともと名前を変えつつ、いままでずーっとあった、それこそ近代以前からあったということです。昔は「イエロー・ジャーナリズム」とか言われていましたし。

ヨーロッパでも、いろいろ話題になっているファシスト的な候補やポピュリズム的な候補がいますけども、トランプ氏ほどナチュラルにウソはつけないですよね。もちろん、どこの国の首相もある程度ウソはつくし、クリントン氏だってオバマ氏だってウソはついたんですけども、あそこまでスラスラとウソがつけるっていうのはちょっとすごいなぁと。

木村　確かに、たとえば、２００９年のオバマ大統領の就任式を写した写真と今回のトランプ氏のそれを見比べれば、明らかにトランプ氏のほうが参加者が少ない。それでも「歴史的な参加人数だった」と強弁してしまう。普通は自分で気づいてしまうと思うのですが。

ポスト・トゥルースの起源

新城　そう。本当に物理的事実ですら、あっさりと否定する。本人には、ウソをついてる感覚がないいんだと思うんですけども。

　ただ、当時のスパイサー報道官は、よーく見てると、自分の胃を痛ませながら言ってる感じがあって。「この人は、本当はちゃんとした人だけども、トランプ氏の前で無理やり言ってるな」っていうのがヒシヒシと感じられる。

　あの直後に、今度は大統領顧問のコンウェイさんが「我々のスパイサー報道官は『alternative facts（もう一つの事実）』を提供しただけだ」と言ったと知り、これも思わず絶句しました。

木村　事実を無視するポスト・トゥルースの登場ですね。

　ポスト・トゥルースで思い出したのが、宗教の定義に関する議論です。宗教の定義にはいろいろありますが、私が憲法学上の宗教の分析で使うのは、「検証できない事実の認識」を基準とする定義です。

　たとえば、キリスト教の「神がこの世界をつくった」という前提は、世界の外に出られないので検証できない。あるいは、仏教の「その人が仏になったかどうか」も検証しようがない。

検証できるはずがないのに、それを事実として認識するのが宗教ですよね。そういう視点からすると、宗教っていうのはいわば「ポスト・トゥルースの走り」みたいなところがある。

新城 そうですね。逆に言うと、近代っていうものは「事実で検証しよう」という、人類史上ものすごくめずらしい動きです。「数字を見比べ、実験してチェックして、もし事実が違っているとわかったら、私は自分の意見のほうを変えます」という前提で社会を運営しようっていうのは、人類史、5000年だか5万年の中で、本当にこの400年ぐらいの出来事なんですよね。

逆に宗教の中にも、事実をきちんと尊重した上で魂の問題をうんぬんする宗派が現れたりしているんですが。

木村 もちろん、ポスト・トゥルースと宗教との違いはあります。宗教は、そもそも検証不能な対象を扱っていて、ポスト・トゥルースは検証可能なはずの間違った内容を信じちゃうことなので。

新城 そうそう。そこが不思議な踏み出し方をするんですよね。彼らは、「わからないことはわからないまま流そうぜ」っていう、ゆるい考え方じゃない。「こうやって検証したら事実か否か簡単に判明しますよ」っていうのに対して、「いやいや、その情報は俺の世界観に合致しないから事実じゃない。俺の感情を逆なでしない情報こそが事実だ」とか、「そんなことはどうでもよくて、俺の言ってることを聞け」みたいな方向に行っちゃう人たちが現にいる。それがホワイトハウスにまで辿り着いちゃったことには、ちょっと戸惑います。

木村　国家論の伝統からすると、「価値とか感情の共有には限界がある。だから検証可能な事実を共通の土台にしていきましょう」という前提でやってきているんです。

新城　政教分離とかね、その辺も全部そうですし。

木村　その通りですね。ポスト・トゥルース現象では、近代そのものがまさに挑戦を受けているっていうことなんでしょうね。

自治体から怒られた村上春樹

新城　事実と非事実の混同という点からすると、非事実であるはずのフィクションが、人間にとって事実と同質の影響を与えてしまう、という点も気になるところです。

たとえば、村上春樹さんが北海道を舞台にした短編小説「ドライブ・マイ・カー」の中で、この町ではたばこのポイ捨てが普通のことなんだろう、みたいなことを書いたら、その現実の町から文句を言われた。それで、短編小説集として単行本にするときに、町の名前を架空のものに書き直したっていう話もあります。

ちなみにその箇所は、「たぶんこの町ではみんなが普通にやっていることなのだろう」という表現であって、作家当人の意見じゃなくて、「話の中の登場人物がそう思った」ということを作家が書いているだけだったんですよ。

もちろん作家には書いた責任があります。悪意を込めて作中人物に実在の場所や人物に対する偏見や虚偽を代弁させたら、それはそれで問題だとは思います。

でも、作中人物の思考のすべてが作家の思考と同じなわけはないし、そもそも話の展開上どうしても悪人や変人を書かなくちゃいけないこともある。それなのに、その連中の思考すべてについて、作家に責任を負わせるのは無理な話でしょう。

あらゆる登場人物のすべての言動に対して、作者にツッコミを入れるような時代になってしまったら、もう小説家は商売上がったりです。それこそ「日本という国でこんな事件が起きました」というミステリーを書いたら、日本国から「お前、ちょっと待て。日本がとんでもない国だと思われるからやめろ」って言われちゃう可能性がある。

こういった事例で、抗議をする側、抗議したくなる側の心理ってどんな感じなんだろうと考えると、「フィクショナルな人物のフィクショナルな思考」に傷つけられる「現実の私たち」があり得る、ということだけは間違いない。

「自分の世界観と小説の中のそれがちょっとでもずれると、傷ついてしまう」という考え方を認めるっていうことになると、これはこれですごい話だし、これで一本小説書けるなとか思っちゃいますね。

そしてすごく気になっているのが、「フィクションである小説には書き直し要請するのに、フェイクニュースは野放しでいいのかよ」とツッコミを入れているのが、いまの私の状態というか世の中への疑問なんですよね。

木村　確かにそうですよね。

私は大学で「情報法」も教えていますが、情報法では、「名誉毀損《きそん》におけるモデル小説の位置づけ」が大きなテーマの一つになっています。

有名なところでは柳美里さんの『石に泳ぐ魚』事件がありますが、小説って、ある程度は実在の人物をモデルにすることが多い。でも、あくまでフィクションとして提示している。フィクションとして書かれているにもかかわらず、モデルとなった人物が傷ついてしまう。

私なりに名誉毀損についての裁判所の判断枠組みをごく簡単に整理すると、まず、その小説の文章が「事実を摘示した文章」として人に受け取られるのか、それとも「事実についての評論」として受け取られるのかを分類します。「事実」か「評論・価値判断」か、いずれかに必ず分類できるはず、あるいはしなければいけないと考える。

事実の摘示については、正誤の判定ができる。でも、価値判断については、価値の多様性を認める以上、その判断自体の正誤は判定できない。だから、評論とか価値判断については、法律は基本的に規制しちゃいけない。そういう考え方になるんですね。

日本の名誉毀損の法体系では、真実でないことに基づいて人の名誉を毀損したら、責任が問われます。フィクションはすべて、「こういう世界があり得る」という評論・価値判断なので、どういうふうに書いても基本的には責任を問われない。

ただ、モデル小説の場合には、たとえフィクションでも、事実の摘示として機能している部分があり得るので、その部分については名誉毀損が成立し得る。また、名誉毀損とは別に「侮辱」という不法行為の類型があって、事実の摘示がない価値判断系のものであっても不法行為になることはある。そういう処理をします。

作者の勝手なアウティングはＯＫ？

新城　事実と評論・価値判断とは、段落や文ごとに分けられるという考え方なんですか？　あるいはもっと細かく一文の真ん中で……。

木村　けっこう、一文、一文分けるんですよ。たとえば『石に泳ぐ魚』事件の判決文を読むと、「〇〇頁のこの部分は事実として受け取られる可能性が高いので、この文章は名誉毀損です」とか、「この部分は事実とは受け取られないでしょう」とか。

　村上春樹さんの小説へのクレームも、「そういうことがしょっちゅう行われている町だという『事実』として受け取られてしまう可能性がある」っていう主張だったんでしょうね。小説として全体を読めば、主人公がそう思っただけなんでしょうけれど。

新城　村上春樹さんの小説に対して、「そこに事実が含まれ得る」と考えるのは、すごい価値判断ですよね、逆に（笑）。「あれは冒頭から結末までぜんぶ夢なんじゃないの？」って読むのが当たり前かと、私なんかは思っていたんですが。

　ちなみに、小説の各部分が事実として受け止められる可能性が高い低いという判断は、どこでやるんですか？　裁判官が心の中でやるのか、それともデータを調べるのか。

木村　実際に人を呼んで「事実だと思いましたか」って聞くわけではないです。裁判官が、自分の全人格をかけて、「事実だと一般人が考えるかどうか」を判断しているのでしょうね。名誉棄損で損害賠償を求められた側の弁護士から、「10人ぐらい世論調査したら、こう言っていました」っていう立証はできるかもしれないですけど。

新城　まあそうですよね。ビッグデータの時代ですから、少なくとも被告側の弁護士は、今後そういうことをやるはずですよね。

作者と作品の登場人物の関係というと、一つ気になっていることがあるんです。『ハリー・ポッター』の作者ローリングさんが、一連のシリーズが完結したあとで、「登場人物のダンブルドア教授が同性愛者である」と話したというニュースが数年前にありまして、ローリングさんはリベラルな人なので、ファンもリベラルに「同性愛者オーケー、オーケー」みたいな感じで、丸く収まっているらしいんですが、私はぜんぜん別の観点から納得ができなくて。

確かに、ダンブルドア教授は同性愛者かもしらん。けど、彼が同性愛者であることをカミングアウトしたいかどうか、それを作者が物語の外で決めていいのかっていう。

木村　違法なアウティング（ＬＧＢＴなどに対し、本人の了解を得ないまま、公にしていない性的指向や性自認等の秘密を暴露する行動）ではないかということですね。

新城　そうそう。「無理やりカミングアウトさせられたダンブルドア教授の気持ちは？」みたいな、非常に複雑な感情移入を私はしているんです。

作者が「こうですよ」って言っちゃったら、「はいそうですね」って言うしかないんでしょう。でも、「それだったら、シリーズが続いてる中で、話の中でやったら？　せめて番外編とか後日談で書いたら？」と思うわけです。終わってから言うのは後出しジャンケンというか、後出しアウティング。

木村　勝手にアウティングするなんて、全然リベラルじゃないですよね。

新城　ぐるっと一周して、超リベラルかもしれないですけど……。

なぜローリングさんがそういうことを言ったのかというと、現実世界での文脈もたぶんあるとは思うんですね。世界中のＬＧＢＴの人に味方するため、彼らが日々こうむっている差別や偏見と戦うために、「私は小説家として、こういうことをやってるんです」と伝える文脈で言ったんだとは思うんですけども。

木村　悶々とする論点ですね。

新城　ですよ。フィクションと現実はどこで接したらいいのか、そういう話をずーっと悩んでいて。

木村　作中で「俺は同性愛者なんだぜ」って書く権利は、作者のローリングさんにもちろんある。

新城　話の中の事実として、話の中の人が言う分には、あるいはダンブルドア本人が言う分には全然いいとは思うんです。

フェイクニュースと小説の出自は同じ

新城　考えれば考えるほど話が入り組んでくるんですが、フィクションと現実の境目がある種なくなりつつある、もしくは境目をつくればつくるほどややこしくなるっていうのは、たぶん今後も現実の問題としてある。フェイクニュースに対する損害賠償はどこでやるのかとか、法律問題も出てくるでしょう。

木村　フェイクニュースについては、先ほどの不法行為で説明しましたように、評論としてではなく、事実だと思われるように書いているので、個人の犠牲者が出れば名誉毀損になる。ただフェイクニュースって、「犠牲者なき犯罪」みたいなところがあって。ウソなんだけど、それで誰か個人の名誉が毀損されたわけじゃないことが多いので……。

新城　対象が個人じゃないと法律の範疇《はんちゅう》にならない。

木村　ええ。たとえば、「ヒラリー・クリントンが人身売買に関わった」って書けば、当然、名誉毀損になります。それは損害賠償を請求できるだけではなくて、日本の刑法では名誉棄損罪にあたるでしょう。

新城　はい。あれは無茶苦茶な話でした。しかも、あのニュースを信じたノースカロライナの男性が、フェイクニュースで「ああいう店の地下で人身売買やってるに違いない」とほのめかされていたワシントンのピザ屋まで行って銃を突きつけ、捕まったっていう事件が実際にありました。あれでもし人が死んでいたら、えらいことになってましたよ。

　個人への攻撃でなくても取り締まれるようにするとしたら、どの法の枠組みでやるんでしょうか？　つまり人間集団なり、ある民族に対する名誉棄損罪のようなものをつくれるのか。

木村　「民族に対する侮辱」を犯罪として取り締まるのは、表現の自由との関係でちょっとためらわれるというのが、日本に限らず、普通の法体系ではないかと思います。ヨーロッパでは、ヘイトスピーチに刑罰が科されることもありますが、適用対象が拡大しすぎないよう注意を払っています。もちろん、「それを捕まえないのは変じゃないか」って思う方もたくさんいて、ヘイトスピーチ規制に向けた動きもなくはないのですが。

新城　「権利の主体になれるのは、自然人か法人だけ」っていう原則からすると、名誉棄損や侮辱が認められるには、民族だとか、何らかの属性を持った集団に「意思の主体」としての資格を認めなければいけないということですか？

木村　おっしゃる通りなんですが、そこまではやっぱり踏み出しにくいんですよね。

新城　ですよね。そもそもフィクションとフェイクニュースは本当に区別できるのかっていう問題もあります。つまり、近代小説の起源は、おおよそ18世紀か17世紀後半ぐらいのヨーロッパになるんですけども、最初のころは、新聞記事と短編小説って、実はほとんど区別がなかったんですよ。

要するに、「どこそこで何とかという婦人が殺された！　なんという残虐、なんという悲劇！」みたいな「扇情的な報道」と、ほとんど同じ内容の「どこそこでナントカ婦人が殺されました。おお、なんという悲劇でしょう！」っていう「小説」が、同じ新聞の違うページに載っていて、しかも同じ人が書いていたりする。ちなみに『ロビンソン・クルーソー』で有名なダニエル・デフォーが書いてたんですけど（笑）。

ジャーナリズムと文学だけでなく、近代的な科学実験の報告、株の取引情報、保険の宣伝、不動産広告なんかまで、ほぼ同じ人たちによる同じ紙面でのやり取りの中から生まれた兄弟みたいなもの。そういう意味では、フェイクニュース問題って、小説の問題でもあるんですよね。

木村　そうですね。フェイクニュースにも、たとえば「クリントンってこんな奴っぽくない?」っていう評論としての側面もあるんですよね。「クリントンってこういう世界に置いたらこういうことしそうじゃない?」っていう小説も書ける。

新城　トランプ氏なんか個性が強烈なので、「歩く小説」みたいな人。

木村　確かに、評論としてのフェイクニュースと小説の境は、法的には区別がつくけれど、難しいかなとは思いますね。

新城　ええ。新聞報道と小説が……あるいは事実を吟味する手法とフィクションを楽しむ技術とが、実はほぼ同じ出自であるっていうことを、もうちょっとまじめに考えておかないと、今後また思わぬところで足をすくわれるかもなぁ、と思いますよ。

Ⅳ　ＡＩと人間の違い

将棋はＡＩに勝てない時代

新城　私はＳＦ作家もやっていますので、「ＡＩ＝人工知能に職を奪われる」みたいなニュースは結構興味を持っています。個人的には人工知能を使った小説も書きたいとは思っている。

木村さんは将棋にお詳しいようですが、将棋とＡＩの関係はどんな感じですか？

木村　単純に言えば、トップ棋士に勝っても誰も驚かない段階まで来てますね。２０１７年の電王戦では、プロの頂点に立つ佐藤天彦名人がポナンザに2連敗しました。

新城　それはつまりマシンの性能が上がったっていうことですか？　それとも、マシンに入れているプログラムが良くなったということですか？

木村　ハード、ソフト両面で驚くべき発展がありました。そもそも将棋の手を選ぶのは、三つぐらいの段階からなっているんです。与えられた局面に対して、こういう手が候補になりそうだと「候補手を絞る」のが第1段階。その候補手を指した後に、どんな展開になるかと「手を読む」のが第2段階。そうやって5手先、10手先と深く局面を読んでいき、読み進めた局面がどっちに有利なのかと「局面を評価する」のが第3段階になります。

このうちコンピューターは、「手を読む」ことについては、人間よりもものすごく優れた性能をもともと持っています。「手を読む」ことそれ自体は、あり得る手を単純に並べていくだけですから、時間とメモリーさえあれば、それほど難しいことではありません。

将棋の場合、動かし得る駒のパターンは一局面当たり80手ぐらいと言われています。一手進むごとに、パターンは「×80」ずつ増えていく。でも、全パターンの組み合わせができたところで、そのうちどれが有利なのかわからなければ、次の一手を選ぶことはできません。

コンピューターにとっては、「局面を評価する」ことがすごく難しくて、なかなか強くなれなかった。しかし近年、ディープラーニングと強化学習などによって、評価する能力が飛躍的に上がってきたのです。

それから、「候補手を絞る」のも、ＡＩにはすごく難しかった。プロ棋士に聞いても、「一目見てこんな感じで」とか「プロならこうするのでは」とか言われるだけで、何とも説明がつかないことのほうが多いのですが、そこがまさに棋力の差なわけです。そこもディープラーニングと強化学習によって、候補手選択のセンスが良くなってきた。

その結果、勝ち負けだけで言えば、トップレベルのプロ棋士でも、ＡＩには勝てない時代になっています。

囲碁では「画像認識」が発達

木村　先日、最強の将棋ソフト・ポナンザの開発者である山本一成さんとテレビ番組でご一緒する機会があって、そのあと話をしたんです。「囲碁でプロ棋士に勝つには10年はかかる」と言われていたのに、急速に強くなったじゃないですか。

新城　はいはい。

木村　囲碁は、縦×横で19×19もあって、９×９の将棋に比べても、異様に手の幅が広い。だから、チェスや将棋でプロに勝つようになっても、囲碁が追いつかれるのはまだまだ先じゃないかって言われていました。

囲碁で一番難しいのは「候補手を絞る」ところだったのですが、それを画像認識の技術を使って学習したところ、飛躍的に向上したらしいです。

画像認識の難しさの一つは、「記号着地問題」だと言われています。記号着地問題とはどんなものかというと、人間であれば、初めて見た猫でも、それが猫かどうかわかる。3歳ぐらいの子どもでも、猫の概念を理解して、判断できるわけです。

ところがコンピューターにとっては、その認識は難しい。コンピューターにある猫の写真を見せながら「この写真は猫の写真だよ」と教えて、あとでそれと同じ写真を見せれば、「これは猫の写真です」と答える。これはコンピューターにとってみれば、ただのデータ処理なので、簡単なんです。でも、違う猫の写真を見せたときに、その写真が猫の写真なのか判断することは、人工知能にとってはすごく難しかったらしいんですね。

でも、2012年にグーグルが猫認識に成功して以来、AIの画像認識は急速に進化して、もはや人間の認識能力を超えたんじゃないかって言われるところまで来ています。

そんな中で、囲碁の局面は、黒と白しかないから画像認識しやすいものらしくて、「候補手を絞る」作業を画像認識として大量に学習した結果、飛躍的に能力が発展し、急にすごく強くなった。そういう話を聞きました。

新城　将棋のほうは画像認識とは関係ないんですか？

木村　将棋の画像認識は結構難しいらしいんです。将棋は、一つひとつの駒に個性があるので、画像認識だけでは「候補手を絞る」っていうところがなかなかうまくいかないらしいんですよね。

新城　将棋の駒を色分けしてやるとか、コンピューターに優しい将棋の駒をつくったりして（笑）。

木村　（笑）。この辺りは、とても技術的なことなので、私が誤解しているかもしれませんが、そのときに山本さんに伺った限りでは、将棋では画像認識の応用は、いまのところ、うまくいかないって言っていましたね。

人間の「踏ん張り」を楽しむ

新城　なるほど。そうするともう将棋は、あるいは囲碁も含めてですけど、人間の一番すごいところと互角なところまで来ているとすると、それって将棋の愛好家の皆様から見てどうなんですか？

木村　人によってはショックを受けているかもしれませんが、私自身はこれまでと何も変わりません。というのは、将棋や囲碁というのは、「二人零和有限確定完全情報ゲーム」の一種です。つまり、3×3のマルバツゲームと一緒で、先手または後手が絶対に負けない方法があるゲームだと言われています。

すごろくとかはサイコロを振ることでランダムが生じるので、正解があるわけじゃない。でも、将棋やチェスは、手の数が有限なので、人間が到達できないだけで、正解があるゲームなんですよね。

人間同士はチェスや将棋で何を競っていたかというと、ごく簡単に言えばミスの質と量です。負けるほうはよりひどいミスをおかしている。つまり、人間が完全でないことを前提として、どこまで完全に近づけるかを競っているのです。

自分で指すときには、なるべくミスをなくしたいと頑張るし、プロの将棋を見るときは、その人間離れした指し手に感動するわけです。だから、コンピューターに負けるかどうかっていうこととは全然違うところで、人間が研鑽を積んで、その研鑽がぶつかり合っているのを楽しんでいるんだと思います。

新城　ああ、なるほど。

木村　コンピューターが勝った負けたっていうのは、人間の将棋をずっと見てきたファンには、あまり影響与えていない気がしますね。

新城　それは逆に言うと、あるいはもうちょっと表現を俗にしてしまうと、「目の前の人間がどのように失敗してどちらへ転げ落ちるのかを待ってる」のが将棋ファンだということに。

木村　おっしゃる通りです。まさに普通にやると転げ落ちるはずのところを、うま～くやっているのに感動する。

新城　「でも次はどうだ、いつかどっちかに転げ落ちるはずだ。わくわく」みたいな感じで見てる。

木村　そうですね。勝ったほうは、「こんな細い綱をよく渡りきったよな」という感動を与えてくれるんです。

新城　ああ、なるほどね。じゃあもし毎回、人工知能が勝ってばっかりいても、負ける側が人間だった場合、見ている側としてはわりと楽しさは残るわけですか？

木村　そろそろＡＩと人間が力比べする時代は終わったんだと思います。

ＡＩと人間の対局が始まったのは、ＡＩの性能がどれくらい上がったかを確認するためだったんです。最近はＡＩの性能が急速に上がっているので、逆に、プロ棋士の方の中にもソフトを使って研究している人もいたりして、人間の弱点を見つけるために使うようになってきているように見えます。

AIは人間がしないミスをする

新城　将棋の勝ち負けの話を聞いていると、何か登山と似てきてる感じがありますね。

木村　そうですね。プロ棋士の方って、負けたあとに、「あいつに負けて悔しい」じゃなくて、「自分がふがいない」と言うんですよ。

新城　「将棋の神様に申し訳ない」みたいな。

木村　まさにそうなんです。だって相手がうまくやったから負けたんじゃなくて、自分がミスしたから負けるっていうのが将棋の本質なので。

新城　素晴らしいですね。

木村　ある棋士の方は、負けて悔しくて、「千駄ヶ谷から横浜の自宅まで革靴のまま走って帰った」という逸話があったりするんですが、別に勝った相手を殴りたいとかじゃないんですよ。自分のふがいなさが悔しくて。

新城　はいはい（笑）。

木村　そういうゲームなんですよね。もともと。

新城　ああ。いや、それは素晴らしい何かヒントをいただいたような気が。

私のほうはあくまでも小説家としてAIのことを考えているので、「AIが小説をがんがん書き始めたらどうしようかな」と思ってたんですけども。小説家がいかにAIに接近して、しかしダメになっていくかっていう、そこを売りにすればいいのかなと、いまちょっと想像してたんですけども（笑）。商品としての小説家の敗北記、みたいな。

木村　まあでも、AIは何度も反復できることは学習してうまくなるけれど、一つひとつオーダーメイドのことをやるのは、なかなか難しいようですね。

新城　そうらしいですね。私も何人か知り合いの人に「AIで小説書けないですかね？」って聞いてみたんですけども、いまの技法だとどうしてもサンプル数が少なすぎるって言われたことが。

木村　そうそう。自動運転はサンプル数がたくさんあるけど、実際に町中を走るのは、そのたびごとに固有の事象が生じるので、難しいみたいですね。

山本一成さんは、お金にならないとAI開発が進まないから、「ホテルのベッドメイキングをするAI」はできないんじゃないかって、ぼそっと言っていました。技術的には実現可能でも、投資する人がいないだろうと。ベッドメイキングは、安い賃金で丁寧にやってくれる人がある程度いるので。

新城　うん。人間のほうがね、安いお金でやってくれそうな。
木村　あと山本さんの言っていたことで印象的だったのは、ＡＩは人間が絶対しないミスをやるという点ですね。
　ＡＩは、人間よりもはるかにすごい性能を持っている。たとえば自動運転にすれば、人間が運転するよりも交通事故を二ケタ減らすことはできるかもしれない。そのかわり、人間ならば絶対やらないような事故、たとえば、いきなり歩道を走り出すような事故が起きる可能性がある。トータルでは圧倒的にＡＩのほうが優秀だったとしても、人間が絶対しないミスをするところが、人間には許せないのではないかと。
　山本さんはＡＩ研究者ですから、そういうところで開発が滞ったり、ある技術を実用化できないのは悔しいとおっしゃっていました。
新城　悔しい（笑）。我が子ＡＩがミスをして。
木村　将棋の世界もそうなんです。基本的にコンピューターは強いんですが、人間なら絶対にしないミスをやっちゃうことがあるんですよね。

トランプはAI的

新城　実は最近になってようやく記事が出てきたんですけども、AIとまでは行かないまでも、ビッグデータのレベルで相当に精密なことをやっているらしいんですね。イギリスにある「ケンブリッジ・アナリティカ」っていう会社が、Brexitやトランプ選挙の有権者分析を委託されて、精密なデータをとって、選挙戦のあいだじゅう貢献していたっていう話がだんだん出てきたんですよ。それも一般にネットに公表されているデータ、ツイッターやフェイスブックのデータだけで有権者の心の動きを精密に分析できていたと。「ここの州のこの町のこの横丁のおばさんの気持ちは」ぐらいのところまで読めるらしい。

それが現状の単なるビッグデータにとどまらず、さらにその解析、人間集団の行動を事前に予測する方向へ人工知能が特化していったら、かなりすごいことになるんじゃないか。もうリアルタイムで、たぶん有権者の心をつかめることになるのではないか。で、その結果、政治家の発言が5分ごとに右に行ったり、左に行ったりして、「人としてどうなんだ」っていう政治家が次々出てくるんじゃないかと私なんかは思うんですけどね。

木村　たまたま私、毎日新聞の労働組合のシンポジウムで「トランプはAIではないのか」

っていう話をしてきたんです。

少なくともいまのAＩの特徴は、「目的を実現するに際して、人間のような倫理とか常識がない」というところにある。比喩的に言うと、たとえば、「羽生さんに将棋で勝ちなさい」と命令されたAＩは、「羽生さんを殴るのが一番効率がいい」と思ったら殴るんですよ。AＩは目的に照らして最も効率のいいものを選ぶから。

トランプの選挙運動にも、それと似た印象があります。まともな政治家なら実現可能性のない政策なんて言わない。当選したあとに「あの約束はどうした」と責められますから。でも、当選のためだけを考えるなら、実現可能性があろうがなかろうが、その集会の支持者が喜ぶことを言ったほうがいい。たとえば、人種差別主義者の前では「差別します」と言ったほうがいい。

およそ人間の倫理とか常識を無視して、集票の最大化のために動くようなところが、非常にAＩ的ではないかと思いました。「トランプとAＩを並べて、それぞれの専門家に聞いてみたいな」と思って、かなり冒険的なシンポジウムをやったんです（笑）。

新城　素晴らしい。いや、でも本当にそうなんですよ。言ってることのつじつまさえ気にしなければ、要するに当選確率のことだけ考えるならば、たぶんトランプ的に振る舞うことが、選挙というゲームの中では正しいんですよね。

木村　そうそう。だから蓮舫さんも電力総連のところでは「原発絶対稼働」と言って、国民には「再稼働絶対やらない」って言えば、集票にはつながりやすかったっていうことですよね（笑）。

AIは東大入試が解けない

木村　そのほかに、AI関連で気になっているのは、AIで東大合格を目指す「東ロボくんプロジェクト」が挫折したことです。

AIにとって一番難しいのが理科の問題だったらしいんです。たとえば、物理では、「次の絵のように、この滑車にこういう重りを載せると、どう動くか答えなさい」といった問題がよくありますよね。

丸が書いてあって、その周りに線が書いてあって、その先に四角いものがついている、みたいな絵があっても、これが滑車で、そこにひもがかけられていて、その先に重りがぶら下がっている、っていうことを、AIは認識できないんですよ。

新城　そっちか。なるほど。

木村　あるいは、「車から後ろにボールを投げる」と言われて、人間なら何が起きているかを想像できるんだけど、ＡＩにとってはすごく難しいらしいです。

新城　でも、それはある意味、国語の文章読解ができないから理科が解けないっていうことですよね？

木村　そうそう、そうなんですよ。

新城　試験問題がすべて数式で書いてあったら、まちがいなく解けただろうけども、そうじゃないから難しいと。

木村　だから東大入試がなかなか解けない。

新城　へえ。東大は、実は国語の問題がカギになってくる。

木村　まさに、国語の問題は結構カギですね。将棋の世界では、片手間で国立大学の入試に受かっちゃうプロ棋士もいます。たとえば私と一緒に大学で授業やっていただいている片上大輔さんは、プロ棋士の養成機関である奨励会に行きながら、片手間で東大に合格して、法学部を卒業していらっしゃいます。

新城　ああ、そっちが片手間（笑）。奨励会が本業。

木村　竜王のタイトルもとったことがある糸谷哲郎さんも、やっぱり片手間で大阪大学の入試に受かっちゃう。将棋ならプロ棋士にも勝てるようになったＡＩなのに、そのプロ棋士が片手間でやっている大学入試は解けないというのは、大変おもしろくて示唆的な話だと思います。

新城　へえ。おもしろいな。でも国語というか、言語表現がまだ追いついていっていないってことですね。

木村　東ロボくんの開発をしていた国立情報学研究所の新井紀子教授のインタビューを読んだのですが、ＡＩが国語の問題を解くときには、非常に機械的に解くらしいんですね。

たとえばセンター試験の問題で、「この文意に一番合うのはどれか？　1、2、3、4から選びなさい」っていう問題で、「一番短い文章と一番長い文章は間違いである可能性が高いので切り捨てる」みたいなことを高度にやって解くらしいんです。新井さんが衝撃を受けたのが、それで偏差値58。

新城　あー、結構いけるんだ。

木村　結構高い。そこから新井さんが心配になったのは、「はたして人間の読解力は大丈夫だろうか」ということで。

新城　ああ、それはおもしろい。まあ確かにね、我々も戦後の受験という文化に特化して数十年、何世代目かにいま入りつつあるわけで。そっちの能力ばっかり伸びてる可能性はありますからね。

木村　だから、人間にはフェイクニュースを読み解けないかもしれないんですよね。

新城　そうそう、そうそう。それはあります。実際、かなりシンプルなフェイクニュースも信じられちゃっているっていう統計を、アメリカのほうで見たような気がしますけど。「そのニュースは間違っているよ。事実はこうだよ」というきちんとした反証を聞いたあとでも、まだフェイクニュースのほうを信じ続ける人が多いっていうのが、その調査結果だったらしいんですけど。

V　フィクションから社会へのヒント

第三の「人」は可能か？

新城　私もSF短編を書くときに、法人について自分で必死になって調べたことがあるんです。法人というのは結構最近になって出てきたもので、実に不思議なものなんだなぁというのがわかって、すごいびっくりしたんですよね。

南北戦争の後、アメリカのデラウェア州が、税収を増やすためになんとか新しい産業を呼び込もうと、「デラウェア州で会社をつくったら、会社の権利をたくさん認めますよ」というのをやった。それが最初の法人ブームになったそうです。

企業誘致・産業誘致のために、「会社ができること」を増やした、会社の権利を増やしたんだったら、そのうち、会社同士で本物の子どもをつくるんじゃないかと思って。そうなると、会社が「もう私たちは人間と同じだ。人間としての権利を認めろ」と言い出すんじゃないかと。

木村　「選挙権よこせ」とかは、すぐにもありそうですね。現に、企業による政治献金って、政治にかなりの影響を与えているわけですが。

新城　いや、もうほんとにいろんな権利を主張し始めたらどうなっちゃうんだろうな。それをネタにSFシリーズを書こうとはしていて。他のことが忙しくて、ちょっと中座しているんですけども。

「自然人」があって「法人」があって、さらにその次に「なんとか人」が来るんじゃないかと想像しているんです。いちおういまは「架空人」と呼んでいるんですけど。要するにマンガの中のキャラクターとかアニメのキャラクターに人権が付与されて、彼らの代理人がいろいろ頑張るみたいなことが、そのうち起きるんじゃないかと。

木村　確かに、飼い主が亡くなった後もペットが幸せに生活できるようにと、「ペット信託」とか流行っているみたいですよね。ペットはもちろん権利の享有主体ではないから、飼い主の財産は相続できない。そこで、ペット管理会社を生前につくっておいたり、NPOと信託契約を結んだりして、世話を頼むという。

新城　それにかなり近い。最近では、「ペットや森に権利がある」とか言われ始めている。
　実際、二〇一七年の春に、ニュージーランドの国会が、先住民のマオリが崇拝する川に「法律上の人格」を認める法案を可決した、っていうニュースをやっていました。「その川には先祖の魂が宿っているので、人として認めてくれ」という要求を一四〇年ぐらい続けていて、ようやく法律が通ったと。
木村　技術的にはできるんですよね。日本に従来からある枠組みだと、「財団法人」がそれに近いですね。財産の集まりに法人格を与えて、その財産を管理するために、意思決定の手続きなどを決める。
新城　ナショナルトラストとかも、もともとはそうやって。
木村　確かに、似た発想ですね。ナショナルトラストはイギリス発祥らしいですが、英米法系ではトラスト＝信託の伝統があります。ナショナルトラストは、「歴史的建造物や自然をそのまま維持・保存するのは国民の利益だ」という思想から、建物や土地を信託財産として管理してきた。日本は、「自然公園法」に基づいて、優れた景勝地を国や都道府県が指定し、管理・保護しています。法的スキームは違いますが、管理・保護すべき「物」と扱われているのは同じかと思います。

これに対して、自然公園を財団法人にすれば、日本でもニュージーランドのようなことができるかもしれません。

そもそも、法人格というのは「意思決定の手続き」なんですよね。会社の意思とは、取締役会や株主総会で示された決議、あるいは、部長とか係長とか、会社内部で決められた決裁権者が示した意思のことです。もっと言うなら、自然人の意思だって、「その人が心の中で思っていたこと」ではない。人の意思なんてとても曖昧で、「本当は嫌だったけど、雰囲気に流されて」とか「全体的には賛成だけど不安もある」とかっていうのが普通です。そこを、「この書類に署名しましたよね」とか「このとき、挙手しましたよね」といった事実によって、その人が賛成の意思を示したと評価されるわけです。

ですから、「これがこの森の意思です」と示せるような意思決定の手続きを確立できさえすれば、森に法人格を付与することは技術的には可能なんです。

AIの事故は誰の責任？

新城　となると、ＡＩに意思を代表させれば、人がやらなくても全部自動的にできるわけで、「架空人」を権利の主体として認めるのは全然あり得る話ですよね。

じゃあ次に検討すべきは、「意思決定」って何なのか。

木村 「意思決定」は、社会的に到達すべき目標を前提とした、責任の帰属先です。

新城 意思は責任とリンクしているんですか？

木村 はい。たとえば、「交通事故を防ぐためには、誰に責任を負わせるのが一番いいか」って考えるんです。現状では、「間違ってアクセルを踏んだ人の意思にしたほうが、将来的に同じような状況になった人が注意するようになるよね」ってことで、運転者に責任を負わせています。

でも自動運転技術がどんどん進化したら、運転者に責任を負わせても将来の事故抑制にあまり役に立たなくなる。そうなると、「自動運転のプログラミングをしたこの人の意思にするのが一番いいよね」ということで、プログラミングをした人に責任を負わせることになるでしょう。

ＡＩに法人格を認めることの問題点の一つはそこにある。意思決定の責任を負わされても、ＡＩは何ら痛痒《つうよう》を感じない。つまり、「責任を負わされないように将来その行為を抑止しよう」と考えないのではないかという問題があります。

新城 結局それを遡っていくと、「人には死にたくないという気持ちがあるから、法律が機能する」っていうことになりますよね。死にたい人たちばっかりだったら、法律では何もできなくなってしまうのか。

木村　まあ、そういうことですね。

新城　ということは、ＡＩに責任を負わせるんだったら、彼らに「死にたくない」という気持ち、生存本能みたいなものを持たせないといかん。自分自身を保ちたいがために、「ＡＩ死刑」みたいなものを避けるため、私（ＡＩ）は悪いことをしないのだ、というふうに持っていかねばいかんわけですね。

木村　そう思います。ただＡＩは、プログラミングをした段階で、「この場面でどう計算するのか」が定まってしまう。だから、事後的な責任追及はＡＩの行動をコントロールするのに何の役にも立たない。計算結果としてやったことが、「これはひどい、死刑だ」と言われたところで、ＡＩは行動を変えることができないはずです。

もちろん、機械学習で進化はするでしょうけど、機械学習のフィードバックは別のＡＩが生まれるだけで、そのＡＩの責任とは関係がない。

新城　そこは非常に難しいし、わからない。それを小説に書けたらおもしろいなぁとか思っているんですけどね。

計算結果が「殺人」になる可能性

木村　ＡＩ研究者に聞いたんですけど、たとえば、私たち人間が計算問題を解くときには、「間違ってるかも」って思いながら答えているときと、「合ってる」って確信を持ちながら答えているときがある。でもＡＩは計算結果を表示しているだけなので、そういう違いはないらしいんです。

たとえば、「ナポレオンの肖像画はどれですか?」という問いをＡＩが解くときには、「データに照らして、この絵は70%合致、この絵は40%合致」という数字を出す。人間の感覚ならば、70%合致は正解の確信にかなり近いと考えるでしょうが、ＡＩから見るとそうではない。「計算したら70という数字が出た。一番高い数字を表示するようプログラムされている。だからそう答えた」というだけで、正解だと思って答えているのと、間違いかもしれないと思って答えているのとの間に、ＡＩには違いがないわけです。

ＡＩのそういう性質を考えると、「ＡＩに事後的に責任を追及しても意味がない」と私は思います。

新城　そうなると、またさらに複雑な難しい話として、「人間が自動計算機でないという証明はどうやってやるのか」という問題が出てきちゃいますよね。意思というのは無から生じるものなのかという話に。

先ほど、木村さんはご自身で、「人間に意思がある」というのは、法律的なフィクションであると言っておられた。

木村　そうです。そのフィクションを置いたほうが、将来の人間の行動をなぜか制御しやすかったということです。

新城　その方法は、ＡＩには応用できないだろうと。

木村　「ＡＩ死刑」は、新たに別のＡＩをつくるだけ……。

ああ、そこをクリアするような機械学習ということか。

新城　ＡＩに生存本能を入れ込まなければ、「プログラムの計算結果なだけだよ」と、バックンバックン人を殺しまくる、っていう話になっちゃうわけですよね。だから、「ＡＩにとって失いたくないもの」を設定する必要があって、それが何なのかは非常に難しい問題。

木村　それ、確かに設定次第ですね。

新城　ただ、そういうふうに設計しても、ＡＩは自分でプログラムを書き直せちゃうはずなんですよ。ロボットＳＦでよくあるパターンになるわけですけどね。

だから書き直しにくいシステムにしておくしかない。アシモフのロボットSFがこのジャンルでは古典となっていますが、そこでは、「ポジトロン（陽電子）頭脳の設計段階でロボット工学三原則が焼き込まれていて、ほとんど物理法則並みに書き換えにくいものなんだ」っていう設定にして逃げているんです。ものすごく逃げているので、それが現実にできるのかはよくわからない。

後期の作品では、「実は書き直せます」とかいうパターンも書いているので、「アシモフ型ロボットとは何ぞや」みたいな話で哲学の流派が一個できちゃうぐらいおもしろいんですけど。

「死にたくない」が出発点

木村　確かにおもしろいですね。ただ、アシモフについて語りだしたら、それだけで一冊書けるくらいなので（笑）、ちょっと話を戻しましょう。

（1）法学的な意思とは責任の帰属先であり、（2）それは将来に向けて人間の行動を制御するのにどこに責任を置くのがいいかということから逆算されているので、（3）頭の中で何を考えるかとは必ずしも関係がない。これが、現在の法システムの特徴です。

先ほどは、これを前提に、「では、生存本能のないAIに意思を設定できるのか」という話になりました。ところで、「自己保存が必要ない」という点では、自爆テロもそうですよね。だから、自爆や自殺をいとわないテロリストには、法律による抑止が効かない。

新城　それがまさにいまテロの最大の問題になっているわけで。

前で触れた『蓬萊学園』シリーズの原点は、『蓬萊学園の冒険！』という、期限1年間、1カ月1ターンで12回のネットゲーム（郵便を使ったゲームで現在のオンラインのものとは異なる）でした。

「蓬萊学園」という架空の学校を舞台に、多くの参加者が協力、あるいは競いながら一緒に物語を構築していくゲームです。たとえば、有名になりたいのであれば生徒会選挙に立候補してもいいし、青春をエンジョイしたいなら部活に精を出したり恋人になってくれるキャラを募集してもいい。はたまたゲームの本筋――と一応は定義されている部分――に関わりたいなら、暗号を解いたり、謎の美少女を追いかけたり、連続殺人事件の真相を推理したり、密林探検をしてもいい。

お話の世界そのものはネットゲーム終了後も続いていて、後日談を小説にしたり、電源付ゲームにしたりもしているのですが、ネットゲームとしては12月で終わり、最終回があるんですよ。
「最終回に何する？」って聞くと、それまで頑張ってきた人たちは「最後まで頑張るぞ！おー！」ってなる。でも、頑張っても頑張ってもあんまり結果の出なかった残念な人たちは、「放火して回る」とか「他の人の行動を邪魔する」みたいなことを言ってくる。それがもう結構な数にのぼるのですが、別に示し合わせたわけじゃなくて、同時多発的に起こるんですよ。

木村　同時多発的に？

新城　私はそれを見て、「あ、人間ってこういうもんなんだ」という自分の中の人間理解が、チャイーンと音を立ててレベルアップしたのを覚えているんです。放火の次に多かったのが、「このキャラとこのキャラが結婚します」というタイプ（笑）。

だから、巨大な彗星がぶつかって世界が終わるときには、たぶんそういうことになるんだろうなって、だいたいの比率もわかるんですよ。「頑張る」対「放火する」対「結婚する」の比率は、だいたいこんなもんと。

だからこそ、逆に言うと、法律が成立するためにはまさに「死にたくない」という気持ちが。

木村　未来がないといけない。

新城　実は法律というのは、「未来への希望」があってこそ走るプログラムだということですよね。でも、テロリストにはそれがない。というか、それがない人がテロ組織の勧誘に出会うと、組織の中に「『来世』という名の未来への希望」とか「目標を同じくする仲間」とか「楽しい青春」とかがあるような気になってしまって、どんどん深みにハマっていく。

来世って、昔は、ぶっちゃけ法律の代わりに人を制御してたと思うんです。「悪いことをしたら来世でひどい目に遭うぞ」って脅して、人をコントロールしていた。でも、いまはそれが逆に、「悪い（とされている）ことをすると来世でいいことがあるぞ」みたいなことになっている。こうなるともう、何でもできちゃいますからね。

ここのところは、来世を考えた人たちに責任取ってもらわなくちゃいかんと思わなくもないんですけど。

幸福の「困難」

木村　全員が成功者だと錯覚できるゲームはつくれないんですか？

新城　まさに『蓬萊』のときの反省点というのはそこ。どうやったらみんなに「自分は価値のあるキャラなんだよ」と理解してもらえるかと、いろいろ試行錯誤したんです。

結果としてわかった一つの方法は、こちらのスタッフの人数を増やして、たくさんお返事を書くという「人海戦術」。

もう一つは、できるだけ先に1年間の物語を決めておく方法。相手には言わないけども、こう来たらああ、ああ来たらこうみたいなことまで全部先に考えておくことで、たくさん処理できるように準備しておく。ただこの方法だと、製作サイドが毎月処理できる件数は増えるんですけども、自由度がなくなるんで、プレイヤーは「なんだかオフィシャル側が事前につくっておいた脚本に合わせて踊らされてるみたい」「これじゃまるで遊戯じゃなくて労働だ」みたいな気持ちにだんだんなっていっちゃうという欠点があって。

木村 わかります。大学のレポートでも、必須項目を細かく指定したりして自由度を減らすと、確かに底辺は上がるんですよね。ただ、型にはめなければいけないので、個性が出にくくはなってしまいます。

新城 そうなんですね。やっぱり自分自身が「その物語世界の中で価値のある存在だ」という実感を与えるにはどうしたらいいかというのは、まだ解き明かされていない難問の一つですよね。どっかに負担がかかりすぎちゃって、システムが崩壊する。自由がなくてつまらなくなるか、スタッフが疲弊するか。

　現実世界で法律学がもしそれをクリアしてくださったら、私はぜひその成果を使ってゲームをまた運営したいと思うんですけど。一人ひとりが「価値のある人間だよ」と実感できるためのシステムはどうやってつくったらいいのか。

木村　日本に限らず、先進国の憲法が前提としている経済システムというのは、いわゆる自由主義経済、市場経済。「自由に交換してください。多くの人を喜ばせれば、その分あなたはたくさんお金がもらえます」と言われて、「よし、頑張るか」となるシステムです。もっとも、交換に参加できない人、たとえば、病気や障害のある人もいる。そういう人が生きていけない世界は正義に反しますから、生活保護をはじめとした社会保障で最低限の生活はできるようにする。現代の先進国は、そういうハイブリッドで乗り切ろうとしています。

　社会に不満を持つ人が似たような人々だったら、その人たちが満足するような政策を実現していけばよい。でも、トランプ現象が厄介なのは、トランプ支持者が特定の層に固まってないことだと思うんですね。日本のネトウヨもそうですけども、高所得層から低所得層まで満遍なくいる。高学歴層も低学歴層もいる。私の周りを見ていても、立派とされるポジションに就いている大学教授にもネトウヨっぽいことを言う人はたくさんいる。

これは何なのかということですよ。

新城 うーん、悩みどころですね。最近の研究によれば——なかなか説得力があるなと自分自身は感じてるんですが——、経済的な豊かさと幸福の関係は2層構造になっているそうです。ある程度のところまでは、全体が豊かになればみんな幸せになっていくのだけども、ある程度以上の豊かさに達しちゃうと、自分と比較して他の人が自分より上か下か、隣の人が自分よりちょっと上か下かで、幸福が削られていく。

木村 最低限のものがそろっていないときには、それを目標に頑張れば満足できるけど、モノが溢れたときには、周りとの記号的な差異に目が行きがちだってことですよね。

Ⅵ　ゲームという模擬社会

郵便を使った巨大RPG

木村　ちなみに『蓬莱学園の冒険！』はゲームですから、記号的差異しかない世界ですね。

新城　まあ、そうなんですけど、これは最初のシステムだったので、最低限の幸福もあんまり保障できない過激なゲームで、レッセフェール世界だったので。

木村　確かに。90年代ですか（笑）。

新城　当時はまだわれわれスタッフの設計技術も甘かったので、「何でもやっていいけど、その代わりこっちの判断だけはきっちりやるんで、その判断について文句は言わせません」という、ある種、絶対主義のもとでレッセフェールをやったようなシステムだったんですね。
それでもある程度うまくいったのは、ほんとに参加者の皆さんとスタッフのお陰ですね。

初めてのことだったから、皆さんの熱意がすごくて。それで、ぎりぎり乗り切ったぐらいなとこなんですけども。ほんと、多人数ゲームというのは、実際の政治哲学なり経済学と同じような現象が起きるし、同じような発展を踏むんだなぁというのは、何遍かやってみて非常に体感したところです。

木村　私はテーブルトークRPG（ロールプレイングゲーム）で『蓬莱学園』を知って、その後、小説にもはまりました。『蓬莱学園』は社会科学的な設計が絶妙で、ゲームの物語の中で、「学生憲章」つまり、学生間の基本ルールとなる憲法のようなものまで、あれこれ議論してつくっていたりする。登場人物の動きにも、すごいリアルさを感じていたのですが、それは、新城さんの才能はもちろんなんだけど、多人数ゲームで得た経験知も大きかったってことなんですかね。

こうなると、『蓬莱学園の冒険！』とは何だったのかを掘り下げたくなってきました。私自身、1980年生まれということもあって、『蓬莱学園の冒険！』の空気がよくわからないんですよね。ここまで読んできた方の中には、「『蓬莱学園』っていったい何なんだよ」って思っている方も多いでしょうし。ちょっとマニアックな気もして、避けようとも思っていたんですけど、やっぱりここを避けては社会が理解できそうにないので。

新城　そういうことだと、まず「ネットゲーム」の説明が必要ですよね。いまは「ネット」と言えばインターネットのことだと思いますけど、『蓬莱学園の冒険！』をやっていた1990年には、一般家庭にはパソコンなんてなかったんですよ。一般家庭にウィンドウズが普及し始めたのはウィンドウズ95、つまり、1995年のことですから。当時の人をつなげる「ネット」は郵便です。ネットゲームというのは、会員制の郵便を使った多人数参加型ロールプレイングゲームのことを指したんですね。

木村　1970年代生まれ以降の人にとっては、RPGといえば、ドラゴンクエストとかファイナルファンタジーとか、テレビゲームのことだと思うかもしれませんが、もともとのRPGは、テーブルトークRPGだったんですよね。テーブルを囲めるぐらいの人数が集まって、その中の一人がマスターとなって、あらかじめ設定されたシナリオに従って物語を進める。マスターが「この場面で、①②③どの行動をとりますか」とメンバーに問いかけて、各メンバーが選びながら、物語を進めていく。

テーブルトークRPGの醍醐味と言えば、もともとのシナリオのおもしろさはもちろんですが、マスターと他のメンバーのやり取りの中で、思いもかけない反応があったり、そこをマスターがうまく収束させたり、というところにあった。私はドラクエもすごく好きでしたけれど、そこには「プログラムの想定にない行動は、とり得ない」という制約があった。やっぱり、生身の人間がマスターをやると、思いもかけないことが起こって、おもしろいんですよね。

テーブルトークRPGの限界と言えば、テーブルを囲める程度の人数でしか楽しめない、ということとかと思いますが、郵便を使うことによって超巨大なRPGを実現したと考えていいですか？

新城　そうです。『蓬萊学園の冒険！』の場合には、南の島に「蓬萊学園」という巨大学園があって、会員はその生徒として、島で1年間を過ごすことになります。毎月郵送でそこまでの物語と行動のリストなどが載った「蓬萊タイムズ」という冊子が届くんです。

たとえば最初の月の「蓬萊タイムズ」には、「始業式早々、在校生の間で戦闘が起こった」とか、「謎の『密室』殺人」とか、「生徒会の人物紹介」なんかが掲載されていました。その中に「あなたは1月に何をしますか？」という問いがあって、①「和尚に助言をもらう」、②「静養して体力回復」みたいな感じで定番の行動パターンが25種類示されている。定番が嫌な人は、「フリーアクション＝FA」を選んで、自由記載に何をしたいのか書くこともできる。

プレイヤーは、一月当たり「上旬」「中旬」「下旬」の三つの行動を選んで、ハガキで主催者に送る。そうすると、翌月に、全体の物語や定番行動が載った「蓬莱タイムズ」と、プレイヤーの選んだ行動パターンに応じた物語が届く。

毎月２００パターンの物語を紡ぐ

木村　定番行動に合わせた物語を書くのはできるでしょうけど、自由行動に対して物語を返すのって、きつくないですか？

新城　自由行動に対しては、「グランドマスターに判定権限があって、それに文句を言ってはいけない」というのがルールだったんですね。そこがレッセフェールと絶対主義なんです。定番行動にしておけば、ちゃんと定番の結果が返ってくるから、「せっかく行動を選んだのに何もなくてつまらなかった」みたいなことにはならない。最低限の保障があるんですね。

木村　「静養して体力回復」っていうのがありますが、これは何のためにあるんですか？そんなことをしても、物語が進まないからつまらない気がしますが……。

新城　ステータス・データが設定されていて、しっかり静養すると数字が上がり、無茶をすると下がっちゃうんですね。だから、体力が残り少ないのに森林に探検に行ったりすると、そこはもう機械判定で死んでしまう。

木村　自由行動で思い切ったことをしたければ、うまくステータス・データをためる必要があるわけですね。

でも、どう考えても、自由行動に対して、一つひとつその後の展開を考えて対応するって、すごい労力ですよね。

新城　一番多いときで、会員3500人、キャラクター4800人とかいたんですよね。定型行動の人と、自由行動で成功した人とを合わせて、全部で200パターンぐらいは返事をしていたんじゃないかな。RPGの一番の醍醐味って、「次は何する？」「こうする！」「じゃあ、判定します！」っていう先の読めないワクワク感なわけですが、それを全国4000人規模で同時にやっていたわけです。

木村　それ、一人ひとりに何文字ぐらい返していたんですか？

新城　A4の紙で2、3枚かな。郵便なので重量制限があるんですよ。だから、長くなりそうなときは縮小コピーしたりとか、両面コピーしたりとかしてましたね。

木村　それって、軽く5000字×200パターンぐらいを、毎月、書いていたってことですよね。

新城　私がグランドマスター、まぁ、最高責任者をやっていましたが、別に一人で全部書いていたわけではなくて、マスターが数人いて、それぞれ書いていましたけど。それでも、やっぱり大変ではあって、こうなるってわかっていたら、とてもじゃないけど始めようと思わなかったかもしれない。

木村　２００パターンも物語があるんだとしたら、自分の知らない物語がどうなっているのかも気になりますよね？

新城　島の中に原子力発電所があったりとか、謎の屋敷があったりとか、結構いろんな仕掛けがあるので、一人で全部回るのは無理でしょうね。なので、「蓬莱タイムズ」に掲示板のようなものがあって、会員同士で交流するんですよ。うまく連絡を取れれば、「同じ町だから今度会おうよ」とかって感じで、情報交換できる。

「恋人募集」してる人もいました。それは、「同じ趣味を持つファン同士で恋人になりましょう」ってことじゃなくて、ゲーム上のキャラクターとして恋人になりましょうって。

木村　恋人になれば、キャラクター同士で情報共有できるってことですか？

新城　そう。しかもこれ、いまみたいにメールやラインでパパッて感じじゃなくて郵便。せいぜい、家の固定電話でやっていたという。

木村　へぇー、すごい。『蓬萊学園の冒険！』を1年間やっていたっていうのは、揺るぎない事実なのに、ちょっと実感がわかなくて。

新城　これって、ピラミッドを見た衝撃に近いものがあると思うんですよね。現にあるんだから、車もクレーンも使わずに人がつくったのは確実なんだけど、「それってまじですか？」みたいな。

木村　ほんとにピラミッド感覚。いや私、本物のピラミッドを見たことはないんですけど。

新城　この話をするたんびに、みんな呆然とした顔になるんですが、それを見るのが楽しくて楽しくて。労力をちょっと想像してください、労力を。これ、インターネットなしでやるんですよ。パソコンはありましたけど、最低限の名簿管理に使える程度でしかなくて。あとは基本、ワープロ。

木村　そのワープロと郵便のやり取りという、すごい手間暇かけている中で、物語のキャラクターに感情移入していくんですね。

新城　そうです。自分のキャラクターに感情移入したり、あるいは自分以外のキャラクターに感情移入したり、こちらが提示したノンプレイヤーキャラクター（ＮＰＣ）に感情移入したりして。だから、だんだんキャラが立ってくるんですよ。

木村　人気のあるキャラクターだと、その子と一緒に過ごしたいっていう人が、何十人、何百人と出てきたりする。

新城　そうそう。ノンプレイヤーキャラクターが生徒会選挙に立候補したら、会員の中から50組以上も対立候補として立候補したりね。それぞれに公約を出してきて、割と盛り上がったりしたわけですけども。

そんなことを1年間も数千人でやっていると、やっぱり集団力学として実社会と同じようなことが起きる。カリスマを持った人間が人を集めたりとか、やたら破壊行為に出る奴とか、「みんなもっとルール守ろうよ」ってまじめに言う奴とか、いろいろ出てくるわけです。

ネットはヤバイ人を排除できない

木村　私が『蓬莱学園の冒険！』について思うのは、「ネットゲームとしてはすごく健全だった」ってことです。その秘訣はやっぱり「月に1回ハガキ」というシステムが良かったのでしょうか。

新城　そうですね。いまにして思うと、「インターネットがなくて良かった」って感覚はある。もしインターネットがあったら、3日で炎上してたんじゃないかとは思います。

先ほどのネトウヨなりトランプ支持者なりがあちこちにいるというのは、インターネットの影響を絶対考えるべきだなと思っていて。だって、ネトウヨなりトランプ支持を毎月1枚のハガキだけでやろうと思ったら、そんなに盛り上がらないでしょう。

木村 確かに盛り上がらない。もしくは、もっと健全になっていくんですね。

新城 そうそう。インターネットはとにかく速い、速すぎる。書いたらすぐばっと何百万人に一瞬で送れるので、人間の判断能力がきちんと追いついてないし、頭を冷やす時間が存在しない。

木村 『蓬萊学園の冒険!』の成功には、郵便であることによって、ある程度ヤバイ奴を排除できたってことですか?

新城 『蓬萊』の場合は結果的に排除できましたね。最終的な決定権はスタッフのトップである私の側にあって、「文句言わせないよ」という究極の絶対王政をとっていた。実際にその大ナタを振るうのは年に1回もなかったので、「抜かずの剣」だったわけですが、「いざとなったら抜くよ」と言っておくことによって、みんなが言うことを聞いてくれたという、非常に幸福な1年間。

木村 ハガキというメディアだったっていうのは、絶対に影響があると思います。月に1回、精魂込めて自分のアクションを決めなきゃいけない。

新城　そうなんです。しかも、ちゃんと41円なり62円なり郵便代がかかったわけで。それに、会員同士で会いたいと思っても、それにもお金かかる。いまみたいにインターネットがあったら、ああはいかないでしょう。

木村　お金と時間ですか？

新城　そうなんです。『蓬莱学園の冒険！』をやってたころに、パソコン通信が一部で始まっていた。いまのインターネットに比べたらデータ量もほんのわずかで、できることも少なかったんですけども、それでもやっぱり速いし危険だなぁというのは感じました。

当時私が考えて「蓬莱タイムズ」に発表した、「パソコン通信・アンド・インターネットに関する新城カズマの法則」というのが三つほどあったんですけども、その一つに「パソコン通信もしくはインターネットでは、どんなバカなことでも、探せば自分と意見を同じくする――または正反対の意見を持つ――誰かが必ずいる」っていうのがあります。

インターネットでバカなことを書くには、お金がほとんどかからない。コストがほとんどゼロなんですよ。しかも、最近だと、誰かがタイミングよくバカなことを言うと、わあーっと「いいね」とかなんだとかって評判が集まる。それを乗り越えて目立つためには、もっとバカなことを言わなきゃいけない。つまり、「もっと過激に、もっと過激に」となってしまう。

もちろん普通の出版メディアでも同じことは起きますけども、インターネットはスピードが違う。もう数分単位、数秒単位で起きるので、結果的にものすごい過激なことになってしまうというのが、私の分析ですね。

思考には「時間」が大事

新城　また、インターネットの特徴は「速い」というだけではなくて、「過去を参照しにくい」というのもある。それは、いまのブラウザの設計思想のせいでもあります。もちろんちゃんと検索すれば過去のことは出てきますし、逆に、「忘れられる権利」とかって問題もあったりもします。でも、一般的なレベルで言うと、ある情報がぽっと出るときに、「それはどういう文脈で書かれたのか」とか「その3日前にその書いた人が何やってたのか」という知の次元がほとんどない。

グーグルなんかのランキングでも、その瞬間の評判の順番で出てくるだけで、ロングセラーとかはあまり見えない。設計思想がそもそも間違っているというか、危ないんじゃないのかなぁというのは、最近感じるようになってきています。ツイッターもちょっとずつ改善されて、過去の議論の連鎖みたいなのが見えやすくはなりましたけど、それもやっぱりワンクリック、ツークリックしないと見えないので、意外にみんな参照しないんですよね。皆さんそういう暇もあんまりないですから。

木村　健全な思考には、時間って大事なんじゃないかと思うんですね。ドイツの憲法には、内閣不信任決議や議会解散をするには、「この内閣には任せられません」っていう動議が出されてから、48時間の時間を置かなきゃいけないっていうルールがある（ドイツ連邦共和国基本法67条2項）。

新城　それは素晴らしい。

木村　ドイツでは日本よりも議会解散権が制限されていますが、それは、ナチスドイツの不信任と解散権の濫用の歴史を踏まえてできているんです。

ドイツでは、不信任決議を出すには次の首相を選ばなければいけません。このことは日本でも割と知られていて、導入してはどうかという議論もあります。さらに、日本ではあまり注目する人がいないのですが、「48時間」という数字を置いている点も、重要な特色だと思います。

新城　それはまさに、「自然人に対応するシステムを組んでいる」ということですよね。人間というものの「生物としての反応」を見ている。

木村　生物としての人間が冷静に判断するには、きちんと考えられるような条件を整えなければいけないんでしょうね。

ツイッターが「3回投稿したら次は48時間投稿できない」みたいなシステムになれば、内容も変わるでしょうね。一個一個のツイートが大事になりますから。

物語と法学が重なり合う

新城　そうそう。やっぱり設計思想で人間の反応は変わる。特に速度に関しては、あっと言う間におかしなことにできてしまうのは、間違いないですね。いまはインターネットで多人数ゲームをやっているところがたくさんあるので、どういう方法でその辺をうまく回避しているのか、あるいは回避できずに崩壊しているのか、すごく知りたいんですよね。

木村　いわゆるMMORPG（大人数オンラインRPG）ということですか？

新城　そうですね。その中で、イベントを演出したり「物語」や「歴史的事件」を仕掛けたり。

木村　新城さんがかつてやっていたようなネットゲーム系の発展形もあるわけですか？

新城　直接の「子孫」は、あまり大規模なものはもうないようですね。一方、いまのMMORPGの多くは、ドラクエやウィザードリィといった、いわゆるテレビゲームの発展形なので、「こちら（ゲーム側）からお話を提供する」というよりは、フィールドだけ提供してアイテム埋めといて、「あとは皆さんこの中で遊んでください」みたいな感じだと聞いています。そこには、ネットゲームのような「展開次第で物語そのものが変わる」という自由度はない。もちろんそこにも社会は発生して、仲間ができて、などいろいろするらしいんですけども。

木村　基本的に殺し合うとか、潰し合うようなゲームなんですか？

新城　それはRPGの発展の歴史にもちょっと関わってくるんですけども、機械で物語に一番近いことをやろうとすると、それは「モノを壊す」か「敵を倒す」ゲームに発展していっちゃうんですね。そっちのほうが計算しやすいので。「恋をする」とか「複雑な社会をつくる」というのは、データが溢れてしまって、たぶん初期のゲームでは計算しきれない。

木村　人間関係の微妙な表現はできないということですか？

新城　こっちが100ポイント、敵が120ポイントでスタートして、3回戦って2ポイントずつ削り合いますみたいなものが、電源付きゲームとしては再現しやすかった。だからその後も、何かというと剣振るったり、ドラゴンが出てきたり、わーってみんなで倒したり、宇宙船がぴゅーっと飛んだりというほうにどうしても行きがちなのはあります。いまでもたぶんその傾向は強いですね。

最近ようやくその反動で、もっと人間的に心を動かすようなゲームも出てきました。でも、やっぱり機械には機械の限界が当時もいまもある。『蓬萊』みたいに複雑なことは、当時はもちろん紙でしかできなかったし、いまでも、もしかしたら難しい。ツイッターでｂｏｔを使う技法などがぎりぎり限界かもしれないですね。

物語が「大規模な人間が実際に参加して時間をかける」というふうになったときには、物語はほとんど社会を構成することになる。だから、おそらく法律学の領域と重なり合うところも出てくるし、法学の知見が物語に活用できたりするのではということも、ちょっと想像したりはするんですけども。

勝ち負け以外の道

木村　私としては、物語の知見が法学に活用できるのではないかと確信して、新城さんにお話を伺っているということですね。

ちなみに、「Ｗｉｎ－Ｗｉｎで何かを成し遂げる」というゲームは、つくりにくいということですか？

新城　いまの技術だったらつくれるんですけども、プレイヤーさんたちがあんまりそっちに行かなくなっちゃった。要するにゲーム・コミュニティ内の伝統があって、「ゲームというのは敵を倒して勝つもんだ」という意識にみんななっちゃったんですよね。なので、そこのマインドセットから抜けるのが、まだまだ難しいなぁという。

木村　ツイッターなどを見ていても、人をとりあえず論破して、「なんか勝ったふう」な空気出している人いますよね。

新城　はい。限られた時間で生理的にドキドキすることを気持ちいいと感じるのが人間の本性の一つなわけで。それこそスポーツにせよゲームにせよ、「勝った」「負けた」でヒートアップしてしまう。

木村　それに比べると、『蓬萊』の人たちは、ある意味、生産的な方向に行ってますね。

新城　そうなんですよね。『蓬萊』の一つ前のゲームは、ほんとに二つの派閥に分かれて殺し合いをするゲームだったんです。人間側と怪物側という分け方で。

その反省から、「二つの対立はやめよう、せめて五つぐらいのグループに分かれるようにしよう」という方針にしました。もちろん話の中で悪い奴もいるんだけども、その悪い奴にも一分の理、二分の理ぐらいがあるので、「そっちにつくのも自由だよ」みたいな空気があった。悪い奴を倒すとか全然関係なく、「好きなことやっててもいいよ」とかね。実際、1年間浜茶屋やってた人がいるんですけども。

木村 「ハマヂャヤ」って何ですか？

新城 海の家みたいなもの。島だから海岸があって、そこで1年間、海の家をやってた人もいたんです。それもある種、「目立つためにどうするか」という戦略に対する回答の一つなんですよね。アホなことを1年間やり続けると、「お、あいつ、すげえなぁ」と一目置かれるわけです。

木村 そこに、いろんな人が来ると。

新城 そう。時々有名なキャラが立ち寄ったりなんかするので、目立てる。「目立つにはどうしたらいいか？」という戦略パターンは、『蓬萊』の中でほぼ出尽くしてる感じはあります。

木村 それは、先ほどの「未来への希望」のヒントかもしれないですね。

ゲーム的な世界観は、実は我々をかなり拘束しているんじゃないかって思うんです。「相手を黙らせれば勝ち」とか「数値的に勝てば勝ち」っていうだけだと、もうネトウヨさんになるしかないいんだけど、「1年間浜茶屋をやるっていう戦略もあるぞ」となると、道はいろいろありそう。

新城　そうですね。勝てば確かに目立てますけども、「目立ちたいんであれば、他にもっと方法があるよ」というふうに持っていくのは、一つの手かもしれないですね。それは要するに、他の人がやらないことをやれば目立つわけで、ということはどんどん、どんどんバラエティが、人の多様性が増えていく方向に発展する。どんどん、どんどんアホなことをやり始めて、「アホだけどいいねえ」「いい意味でアホだねえ」というほうに発展していくのが、たぶん本当の豊かさであり幸福なのかもしれない。

それができる社会、それを許してもらえる社会はいい社会だなと、私なんかは思うんですけど。

木村　なんかいま、すごい真理に触れたような。かなり感動しているんですけど。

新城　いや、もういまにして思うと、『蓬莱学園』はほんと奇跡的に成功しましたね。いくらでも失敗する道はあったけど。

木村　確かに、日本社会の寛容さとか技術の発展とか経済状況とか、奇跡的な交点だっていう気がします。

新城　まさに1990年。あと数年間ずれただけでもたぶん失敗していたとは思います。技術的には、パソコン通信やインターネットがまだ普及していなくて、郵送でやっていた。経済的にも、バブルが崩壊する直前で、学生さんがお金を持っていた。

木村　なるほど。社会がうまく回るためのヒントが詰まっていますね。いやあ、物語の力ってすごいなぁ。

第二部

社会の構想力

『指輪』が大ヒットした理由

木村 『蓬莱学園』が社会科学的視点から見てどれくらい興味深いかは、読者の皆さんにもおわかりいただけたのではないかと思います。実は、私が『蓬莱学園』の少し前に読んでいたのは、トールキンの『指輪物語』なんです。『蓬莱学園』を読みながら、「『指輪物語』に似ているところがあるな」と感じた記憶があったのですが、先日、『蓬莱学園の復刻!』を読んでいて、衝撃を受けました。だって、そこには、「『指輪物語』が『蓬莱学園の冒険!』の原典の一つだ」って書かれていたんですよ。「中学生の自分、結構やるな」と、嬉しくなってしまいました(笑)。

また、新城さんの肩書には、「作家」「ゲームデザイナー」のほかに「架空言語設計家」というのもあります。「架空言語」と言えば、やっぱりトールキンの発明した「エルフ語」ですから、ここからも、『指輪物語』に辿り着くわけですね。

そこで、ぜひ新城さんに『指輪物語』について伺いたいと思います。

私には、『指輪物語』について一つの仮説があります。トールキン自身は、物語を現実世界に関する寓話として読むことを嫌っていました。でも、エルフやドワーフ、ホビットなど、「多様な種族が協力して強大な魔王を倒す」というテーマは、多文化共生の大切さを描いた物語として読むことが有効なのではないかと思うのです。つまり、『指輪物語』はリベラルとの親和性が高いのではないか。

新城　私はその点について、あんまりまじめに考えたことがないんですけど、「そもそもなぜ『指輪物語』が大ブームになったか」というと、60年代後半から70年代のアメリカでカウンターカルチャーが大ブームになって、その流れの中で『指輪物語』が爆発的に売れたんです。ただ、「なぜ、カウンターカルチャーが『指輪物語』を素敵な本としてあれだけ盛り上げたのか」は、それに関する研究もあんまり読んだことないので、よくわからないんですけども。

あくまで想像ではありますが、ブームの始まりとしては、やっぱり管理主義的、権威主義的な巨大なものを「悪」として描き、それに対して、小さくて弱い名もなきものたちが闘い、最後には頑張って勝つというところが、当時のベトナム反戦とかアメリカ帝国主義への反発みたいなところとうまくかみ合ったのだろうと思います。そのあと、環境保護とか少数民族に対する権利といったものへの関心が高まる中で、『指輪』にそれを読み取り、大人になってもう一度、「ああ、あれはやっぱり『指輪』から私は学んだんだな」みたいなことを再確認して、もっと好きになっていくみたいな過程があったのかなと想像しちゃいますよね。

木村　なるほど。

トランプ支持者の「反転」

新城　あと、リベラルとはちょっとずれるのかもしれませんが、趣味にせよ民族にせよ出自にせよ、「自分がマイナーな何かである」と考えた人間は『指輪』と親和性が高い。

そもそも「本を読む」というだけでもいじめられるし、メガネかけててもいじめられる。その上、なんかよくわからない架空の国のことに夢中になって、エルフだ何だと言っているのでいじめられる。『指輪』の愛読者で後に有名人になった人には、子どものころを回想して、「僕いじめられたんだけどねえ」みたいな話をする人が結構多いんですよ。

それこそスティーヴン・キングなんか、メガネかけて本を読んでるもので、「四つ目(four eyes)め！」とか言われて殴られたと自分のエッセイで書いている。小説でも、「四つ目野郎」と殴られていた少年が最後には勝つという話を書いていたり(笑)。

本を読む、ひ弱な子どもたちには、いじめられた経験も多い。そういう子たちは、やっぱり『指輪』を発見する。そして、大人になってから、必ずとは言えないですけども、何割かの確率でリベラルな発想に近しくなるというね。

木村　なるほど。弱き者の物語ではあるんですね。

新城　もちろんそれとはまったく逆に、最近流行りのオルタナ右翼(alt-right)とかトランプ支持者の中には、『指輪』を「サウロン、バンザーイ」とかって文脈で読む人もいるらしいんです。

木村　「自分たちはサウロンだ」っていう世界観なんですか？

新城　そういう人たちもいますね。「『スター・ウォーズ』の帝国は正しかったのに、悪玉として描くのはけしからん」「女性が主人公だなんて間違っとる」とか言って、『エピソード7』に反対している人たちもアメリカにいるらしいんですよ。

木村　不思議ですね。トランプ支持者が「自分たちは正しい」と考えるなら、「トランプはルークだ」「トランプはガンダルフだ」でもいいわけですよね。

新城 そう。もちろん、そう言ってる人たちもいるとは思うんですけども、私が見た範囲では、「世間では悪者と言われているけども、ほんとは正しいんだよ」という主張なんですね。二重に反転している。彼らがどこまで本気なのかよくわからないですけど、とにかくいるというのは間違いないですよね。

木村 まるで、グノーシス神話（現在多くの人が信じている神は実は偽の神で、真の正しい神は別にあるという考え方）を見ているみたいですね。

リベラルも右翼もロマン主義者？

新城 ああ、なるほど。そうですね。『指輪』をリベラルの側として見ると、「小さくて弱いものがいて、最初は圧倒的に強い王の脅威にさらされているんだけれども、最後は逆転して小さきものが勝つ」という構図になっている。これに対して、「その小さきものが正しい神だと信じていたのは、実はデミウルゴスで、ほんとはもっとすごいのがおるねんで」みたいな逆転の構図があり得る。グノーシス派とトランプ支持者を一緒にしちゃいけないのかもしれないですけど、構図は似ていますよね。

リベラル側の物語と、グノーシス派なりトランプ支持者なりの物語は、すごく対立しているようでいて、実はよく似ているなぁと私は思うんです。つまり、物語構造としては、どんと揺るがなかった大きいものを、小さき者たちが最後にがくーんと反転するという形になっている。

木村　よく言われることですが、オルタナ右翼や日本のネトウヨは、権力の側にいるはずなのに、被害妄想が強い。

新城　そうそう、そうなんですよ。彼らは自分たちのことを「出だしでは負けているけど、本当は勝つはずのヒーロー」だと思っている。リベラルもトランプ支持者も、実はロマン主義的な世界認識を持っているという意味では、同じと言えなくもないんですよね。

木村　しかし、トランプ支持者のやっていることと言えば、差別とフェイクだらけという始末（笑）。

新城　（笑）そうなんですよね。だからそれは一見不思議でもある。しかしちょっと見方を変えると、なんか腑に落ちる。でもその腑に落ちてること自体が不思議だなぁと私なんか思っちゃうんですけれども。

なぜいつの間にそうなったのか。特にトランプ支持者に関して言えば、貧困層ばかりかというと、意外に中間層あるいはちょっとした富裕層あたりまで支持が伸びている。

木村　日本のネトウヨと一緒ですね。

新城　トランプ支持者の言っていることをできるだけ素直に見ようとすると、「自分たちがこれまで持っていた権利が、一つまた一つと奴らによって奪われていき、とうとう最後の一つにまで来てしまった」みたいなことを言うんですよ。

でもその「自分たち」とは白人男性であり、しかもヘテロセクシャルのことなんですね。ヘテロセクシャルの白人男性が持っていた権利というのは、特権でしかない。彼らが特権を持つ理由なんて別に何もなくて、歴史的にたまたま持っていたにすぎない。それなのに、特権が一個一個奪われていくと、とっても侵害された気分になってしまう。まあ、そういう気持ちは、なんとなく想像できます。

だから「それは持っている謂れのない特権だから、手放しなさい。他の人たちと同じレベルに立ちなさい」と言っても、たぶん彼らには理解できない。もっと正確に言えば、理解したくない。なぜなら、それを理解してしまうと、自分たちのいままでが間違っていたことになっちゃうからです。

人間、何が嫌かというと、反省するのが一番嫌なもんだから、反省しないためには、それこそデミウルゴス神話をつくるぐらいの、ものすごい「痴的」作業をするわけですよ。それが人間なわけで、歴史上何度も何度も起きている。

一人ひとりの「妄想」に付き合うということ

木村　「反省するのが嫌」ですか？

新城　たぶんそうだと私は思います。私が歴史マニアとして読んだいろいろなエピソードと、今回のトランプ政権誕生に代表される現代社会の様々な事象をできるだけ少ない言葉で表現しようとすると、「反省するのが嫌」っていう7文字になっちゃう。

悪いのはわかっちゃいるんだけど、わかりたくない。だから、わからなかった振りをして、わからない理屈をこね上げて、大きなことを言っている。そうしている分には、「自分たちは仲間だ」という気持ちよさも多少発生する。

だから、そういう人たちに対して、単純に「あなたたちは間違ってるぞ」と言っても逆効果になってしまうのかなという気がする。

木村　そこは被害妄想ですからね。

「過去を反省して改めることができない」って話を聞くと、タイムパラドックスの話を思い出すんです。祖父のパラドックスが典型ですけれど、「過去を否定するのは、いまの自分を根本的に否定すること」になってしまうので、どれだけ頑張っても、結局過去は変えられない。人間が反省できないのも、そういうことではないかと思うんですよね。反省は過去の自分の否定ですから、反省するといまの自分がいられなくなってしまう。

だから新城さんの『サマー／タイム／トラベラー』を読んだときには、「おおー！」と感動したんです。いろいろタイムトラベルについて考えたけど、結局行けるのは未来だけだっていう。これは確かに素晴らしいと。

新城 そう言っていただけると（笑）。私も過去に行くタイムトラベルものは好きなんですけど、あまりに好きすぎて、自分がそれよりもっとおもしろいものをつくる自信があのときなくて。次善の策としてああいう構造にしてみたんですけど、その結果、「自分は青春ものを書くのに向いてるなぁ」と思って。

いや、でもまさにそうですね。過去は、自分が寄って立ついろんな基盤ですから、過去を揺るがしちゃうと自分がなくなっちゃう。なかなか人間にはやりにくいことですよね。

木村 「過去を救いながら変えないといけない」という感じがするんですね。

新城 そう。それこそ精神治療のほうでも、妄想に囚われている患者に対して、「それは妄想だから変えなさい」と言っても全然変わらない。だから、フロイト以降、ラカンあたりもたぶんそうだと思うんですけども、まずは、「君の妄想に付き合おうじゃないか」って、妄想を「あり」として話を進める。その上で、「その妄想を基にすると、これこれこうで、こうしたほうが君は幸せになれないか？」みたいな感じで、ちょっとずつ治療していくという処方があるらしいんですね。仏教のほうでも、そういうことをやっているお坊さんもいるという話も読んで。

木村　中島らもさんの『今夜、すべてのバーで』は、らもさんがアルコール依存症で精神科病棟に入院する話なんですが、「脳みそが爆発した」という妄想に取りつかれた人のために、みんなで一緒にその人の脳みそを探してあげる場面があります。「あったぞー、最後の一つだ」ってはめてやると、本人が落ち着く。

新城　まさしくそんな感じです。本人の主観的な世界観、物語観ではそれで治ったことになるので、こちらは「とりあえずそこまで付き合ってあげる」というのは一つの方法ですよね。

木村　でも、トランプ支持者って数が膨大で、すべての妄想にお付き合いするのは、現状では難しい。どうやればみんなが主役になれるか。

世界観の違う相手と対峙したとき

新城　まさに、ゲームマスターの手が足りないんですよね。自分の作品のことにまたなってしまって恐縮ですが、『蓬萊』以来、そういった人間集団のことも考えていて、中間的な結論にまで達したのが『15×24（イチゴー・ニイヨン）』という作品なんです。

あそこで私が書きたかったのは、「人の話を聞いてあげることが一番大切なんだよ」という、身も蓋もない中間的な結論なんです。ただ、それができる状況は実に限られている。あの話の中では、「心中しようとする二人をどうやって止めるか」あるいは「止めていいのか」みたいなことで、わあーっと少年少女たちが駆け巡る。

結局、死にたがっている人のために時間を費やした人間の頑張りのお陰で、なんとか事態はまとまるんですけども、「二人の人間を救う」あるいは「救う、救わないで揉める」ってだけで、文庫本6冊かかってしまう。とても、世界中の人たちの話を聞いてあげるには、手が足りない。

もっと問題なのは、そもそも、相手の世界観をしりぞけるだけの根拠、正当性がこっち側にあるのか、こっち側はどれだけまともな世界なのかということですよね。それこそ、「すぐにも半島方面からミサイルが飛んでくる」と信じている人がいて、彼らから見れば、いまはこんなのんきな対談をしている場合じゃないでしょう。

木村　常識的に考えれば、アメリカに対してミサイル攻撃をして勝てるわけがないから、半島側が自ら先に打つはずはない。アメリカだって、本気で攻撃する気だったら、空母派遣の情報は隠すはずでしょう。ただ、その客観的事実を共有しているかはわからない。

新城　それに、実際の日本に住んでいる人たち、あるいは世界に住んでいる人たちが、それを自分たちの世界観としているかどうかは、結構、微妙です。そうじゃない世界観に基づいてわぁーっと言っている人たちもいる。特にミサイルに関しては、機械の故障で飛んだりしますからね。私はそれが一番の心配で。

木村　そうですね。偶発的なことが起こり得る。

新城　そうした点をすべてクリアして、ひとまず「こちら側」の世界観で良いと仮定したとしても、トランプ支持者や自爆テロリストをこちら側に呼び戻そうにも、いったいどうやればいいのか。

木村　だからこそ、物語みたいなものがすごく大事だと私は思うんです。もっとみんながそれぞれ楽しいことがあれば、人の悪口を言ったり、喧嘩したりといったことにエネルギーをさかなくていい。

新城　そうですよね。楽しいことがあれば、あるいはせめて、経済的に安定していれば、人間関係が豊かで、間違った方向に行きそうなのを止めてくれる人、泣いてくれる人、好きな人なんかに囲まれていれば、そういうドラスティックな方向にはあまり行かないと思うんですけども。

Ⅱ　物語とリベラリズム

※ネタバレ警報：この項は『指輪物語』の結末に関する重大な記述があります。

ハッピーエンドか否か

木村　『指輪物語』って、結局、最後に問題を解決するのはゴクリですよね。ガンダルフもフロドも、ある意味では何もできていない。

ただ、そのゴクリは、指輪と心中して死んでいく。ゴクリ個人の人生としては散々です。

そんなことを考えると、「『指輪物語』は一体全体、何を救いにしている物語なんだろう？」と思うんです。

新城　（笑）どうなんだろう。でもそれは非常に重要なポイントで、「そもそも『指輪物語』をハッピーエンドと分類していいのか」という話は、トールキン・マニアたちの間でも何十年も続いている。

最終的には、ゴクリが指輪といっしょにドボーンと火の山に落ちてっちゃったお陰で、世界は救われる。でも、それとはまた別のレベルで、「フロド・バギンズはそもそも救われたのか」という問題がある。

フロドはすごく頑張って、モルドールに行って帰ってきて、ホビット村も救ったんだけども、その途中でナズグール（指輪に憑かれた幽鬼）に刺されたり、モルドールの汚染されまくった大気にゲホゲホしたりして、いまで言うところのPTSDになってしまう。ホビット庄に帰ったあとでも、「毎年この時期になると胸の傷が」とか「指の痛みが」とか言って、中つ国（Middle - earth）、つまりこの世では救われずに、「向こう側（アマン）」に行くことで癒されました、という描かれ方になっている。

映画では人間の国ゴンドールで「世界を救ってくれたフロドありがとう」みたいなところ

も多少ありましたけども、原作ではあそこまで派手な展開はなくて、ホビット庄でも世界を救ったのが実はフロドなんだということには誰も気づかない。ピピンとメリーだけが体も大きくなって帰ってきて、「やあ、この二人の若殿のおかげでホビット庄から悪者たちを追い出せたぜ」みたいな感じで盛り上がっちゃう。ホビット村の偉い職に就くのもサムワイズ・ギャムジーだし。

木村　フロドは帰ってきてから隠居するんですよね。

新城　隠居のおっさんになってしまって、「あまり誰も彼のことを褒めないのでした」みたいなことが書かれたりする。現実的な栄誉、栄華というレベルでも、フロドは全然ハッピーじゃないんですよね。

かといって、「じゃあ、悲劇か」というと、世界は救われたし、王国も再建されたし。どっちに分類しても、なんかうまくいかないんですよ。そこがまたいいわけなんですけども。

第一次世界大戦の体験

木村　そうですね。ゴクリとフロドという二人の主人公が幸せではない。

新城　そう、世間的な尺度では全然幸せではない。フロドのほうは多少の満足感はあったかもしれないけども、ゴクリに至っては、彼の内面を想像すると、ちょっと居たたまれない感じがします。

ただ、私なんかはトールキンマニアなので、いろいろと研究書なんかを読んで、トールキン自身のことや書かれた過程も知っちゃっているんで、なんでこういう話になったのかは、すごく腑に落ちるんですけども。

木村　それはどういう感じですか?

新城　「トールキンから見た現実世界」ってこうなんだろうなぁという。つまり、正直者が報われるとか、最後に正義が勝つとか、そんなお題目を到底信じられないぐらいの体験を彼は第一次世界大戦でしている。親友と呼べる友達が、ただ一人を除いて全員死んだり。帰ってきてみたら、美しい森と緑の故郷だった町はグシャグシャの工場街になっていて、その後もどんどんと工場が増えていったり。

1960年代には、自分が信じているカソリックさえ、第二次バチカン公会議で「ミサを必ずしもラテン語でやらなくてもいい」という改革がなされて、彼の大好きなラテン語がチャラになっていく。老人になったトールキンのエピソードに、みんなが英語でミサを進めている中、たった一人で大声でラテン語で言って、周りがドン引きしたというエピソードを孫の一人が語ってますし。

そういうエピソードを聞いていると、『指輪物語』がなぜこうなったのか、平仄《ひょうそく》が合っている感じがするんですよね。正しいこと、良きことをする動機は、確かにこの世に確実にあるし、美しい世界なり愛すべき人というのは間違いなくいる。でも、そのことと、ハッピーエンドになるかどうかは、全然関係ないよと。

そもそも、「ハッピーエンドになるから、頑張るんだ」みたいな感じで、頑張る動機を持つこと自体を、トールキンは否定していたのではないかなぁと思います。

ただ、『指輪物語』を物語として読むときにそこまで読みこむかと言えば、それは単に私の読み方であって、別にハッピーエンドな物語として読んでもいいとは思う。映画版もその辺の哀しみを描きつつ、いちおうハッピーエンドっぽく見せようと頑張ってる痕跡は多々あって、お陰で割と興行収入は良かったわけですけども。

木村 映画版は、確かにいろいろ頑張って、多くの人が受け入れやすい形にしている。原作が暴れるのを抑えたんですね。

地図と付録がセットというスタイル

新城　そうですね。「映画版はいかん」という人たちの中に、「エンディングが多すぎる」という批判があります。ゴンドールでの戴冠式で終わって、そのあとホビット庄で終わって、灰色港で終わって、さらにそのあとにサムが返ってくるという終わりがあって、「何遍終わるんじゃ」みたいなツッコミをする人がいるんです。

でも、この物語はものすごい重層的な物語ですから、一つひとつにちゃんと決着をつけるためには、何遍もエンディングはあるというのは、ある意味正しいんですよね。

木村　原作でもそうですよね。モルドールのサウロンを倒して、指輪問題が解決した後に、文庫で丸々1冊分もエンディングが続く。

新城　しかもそのあとに"appendix"（補遺篇）がついているという、途轍もない終わり方をしている。私もこれで、「小説には"appendix"を付けねばいかん」と刷り込まれてしまった世代ですね。スティーヴン・キングも『指輪物語』に影響を受けた作品をいろいろ書いていますが、『ザ・スタンド』は敵を倒してから故郷に帰りつくまでがやたら長くて、同業者のディーン・R・クーンツが「長いよ！」とツッコミを入れています。

影響を受けると、そういうことついやっちゃうんですよ。

木村　そもそも変な本なんですよね。始まり方も「ホビットの生態」みたいなところから。

新城　そうそう、タバコがどうしたとかね。『指輪物語』自体が『ホビットの冒険』の続編として書き始めたものなので、その説明をプロローグでちょっとしておかにゃいかんなというのもあったんでしょうね。

木村　地図が付いていて、詩から始まるじゃないですか？　『蓬萊』や『サマー／タイム／トラベラー』にも地図が入っていますよね。私も「こういうもんだ」と思っていたもので、初めて一般向けに書いた『キヨミズ准教授の法学入門』では、冒頭に物語の舞台となる地域の地図を書きました。さすがに詩を書く能力はなかったんですけど。

新城　ああ、そうなんですね。私もついついそれを基準に書き始めて、担当編集に怒られるんですけども。

これは、トールキンがどうやってこの本を書いたかというところに遡る話です。彼は職業的作家ではなかったわけですね。

木村　オックスフォード大学の先生ですもんね。

新城　職業的作家じゃないからこそ、「売れなくても本業は別にあるからいいや」という気持ちがどっかにあって、重層的なとてつもない作品を書けたのではないかと思うんです。
それなのに、『指輪』の大ヒットでファンタジー小説というジャンルができてしまい、後の人はみんなこれを基準に書き始める。職業的作家が「締め切り」ありでこれを書けって言われたら、ほんと困りますよ。

木村　出版社だって、受け付けてくれないですよね。

長すぎる会議の実況中継

新城　「1巻目が売れたら続きを書かせてあげますよ」みたいな感じになると、やっぱり最初のほうでアクションシーンも書かなきゃいけないし、盛り上げなきゃいけないし、ってなりますよね。

木村　そうですね。アクションシーンとかのバランスも、いまの水準からしたらかなり悪い。少なくとも、エンターテインメント小説ではないですね。

新城　旅の仲間ができるまでは、命懸けのハイキングみたいな話がひたすら続くだけで。

木村　安田均さんが昔書いていましたけど、「すごいファンタジーが出た」というので頑張って読んだけど、モリア坑道までは疲れて眠くなったって。

新城　でも逆に、それを突破できた人たちは、ファンとしてすごい仲間意識が芽生えたりとかして。

木村　読んでいると、ほんとに一緒に旅している気分になってくるんですよね。

ただ、何も事件は起きなくても、印象的なシーンはたくさんある。指輪の正体がサウロンの指輪だとわかったときに、フロドはガンダルフに、「なぜビルボはゴクリを殺しておいてくれなかったんだろう」みたいなことを言う。するとガンダルフは、「死すべき者とそうでない者をおまえは区別できるのか」と叱りますよね。

あれを読んだとき、私もちょっと考えさせられました。「あいつは嫌な奴だ」とかって否定するぐらいまではいいけれど、人を殺すところまでやってはいけないんだと。身につまされるような感じで。

新城　そうなんですよね。トールキンがこの話を書いたプロセスの記録が最近ようやく出てきたんですが、最初の段階では、そもそもあんまり何も決まってなかったらしいです。フロドといっしょに何人のホビットが旅立つかすら決まっていなかったり、アラゴルン（馳夫《はせお》さん）が当初はホビットだったり。エルロンドの館を通り過ぎたあたりから、ようやくその先の大雑把な形が本人には見えていたらしい。

「全体像がつかめないまま、よくこれだけいろいろ途中をつくったなぁ」と思いますよね。第2版かなんかのまえがきに本人が書いていますけど、モリア坑道の入口まで書いたところで、どうしたらいいか迷ったんでいったん止めたとか。当人としても、早くエンディングまで行きたかったでしょうに。

木村　そう言えば確かに、エルロンドの会議って、終わりまで読んでから読み直すと、細かいところまでいろいろ示唆されているんですよね。ただ、よく言われるように、この会議が長すぎる。

新城　本当によく言われますね（笑）。

木村　『指輪』を読んでいると、リベラルデモクラシー的な考え方を感じるわけですが、いろんな民族がわかり合うためには、結局、話し合うしかない。でも、その話し合いの内容を全部書くとあれだけ長くなる。

新城　いまだったら、出版社も読者もとても許してくれないような、長い会議の場面。もちろん今後の戦略を決めるために、必要な会議なんですけども、それをよくもまあ、そのまま書いてありますよね。ほとんど実況生中継。

ある研究者は、「会議の内容は5層になっていて、しかも話し手が毎回代わる。よくこんなものを書いたもんだわい」と驚いていました。指輪のこれまでの話と、ガンダルフの移動の話と、ゴクリの話と、仲間たちの関係の話と、今後の話とだったかな。そんないろいろな層をうまーく連結させて、順番にして書いたというのは、技術的にもすごいことだし、これを読んだ読者もすごい。

木村 確かに。頭を使うんですよね。

新城 そうなんです。全体がわかってしまうと非常にわかりやすいんですけども、最初に読んだときに、どうやって自分が理解したのかもよくわからないぐらい、いろんな話が次々と行き来する。

映画版のほうは、その辺をかなり端折《はしょ》って、ガンダルフの移動を簡単にすることで、話を進めていく。原作では、旅に出るまで何年もかかかっているところを、スパスパッと3日ぐらいにしちゃってるから、さすが映画だなぁと思いました。

リベラルとデモクラシーは一体ではない

新城 「会議のシーンにリベラルデモクラシーを見た」とおっしゃいますが、リベラルデモクラシーというのはどう定義されているんですか?

木村　デモクラシーにリベラルな観点から制限をかけるということですね。デモクラシー＝民主主義を単発でやると、「多数決で決めれば何でもいい」ってことになってしまう。それでは困るので、多数決のやり方や、多数決で決めていい限界を工夫して、リベラル＝自由主義な価値を十分に体現するようにデモクラシーをやろうと。簡単に言うとそういう考え方です。

新城　歴史的にはいつごろからそれが定着したんですか？

木村　絶対王政の時代に、「君主にもリベラルの制限をかけよう」と立憲君主制の動きが強くなった。イギリスでは立憲主義的な統治をだいぶ早くからやっていたことになっています。そこから、王政・帝政が民主政に変わっていく。

新城　「リベラルな君主制」というのはあり得るんですか？

木村　「立憲君主制」という言い方があるように、「立憲主義と言えるためには、人権を守る憲法さえあればよく、デモクラシーでなくてもよいのではないか」という議論はもちろんあります。

たとえば、大日本帝国といえども自由の概念が憲法に出てくるし、ナポレオン三世の帝国にも、ヴィルヘルム＝ビスマルク帝国にも、やはり人権の概念はありますから。

新城　仮にリベラルな君主制、立憲君主制みたいなものがあったとして、それがリベラルデモクラシーとして定着し始めたのは、王制があちこちの国で終わったころ、つまり19世紀後半から20世紀頭ぐらいということですか？

木村　そうです。そのころに、王権よりも議会の力がどんどん強くなっていった。

新城　私のイメージだと第一次世界大戦のお陰でというか、第一次世界大戦のせいで、帝国と王国の数がものすごく減ったという印象があるんですけど。

木村　そうですね。

新城　そうか、じゃあ、トールキンは青年としてまさにそれを体験してた世代なわけですね。

木村　「デモクラシーになっていく世界を見ている」という空気は感じます。会議をやたら繰り返すとか、パーティがあるとか、旅の仲間に絶対的に強い人がいないとか。それが、その時代の空気ではないかと。

随所に登場する〝ギャグ〟

木村　新城さんは、ガンダルフがいなくなるのも大切なんじゃないかと指摘していましたよね。

新城　そうなんですよ。いると何でもできちゃうので、大事なところでガンダルフは必ずいなくなる。

木村　いなくなると、残った人たちはデモクラシーにせざるを得ない（笑）。

新城　（笑）ああ、なるほど。でもそう考えると、裂け谷からモリアまではいたので。

木村　あのあたりは、ガンダルフが基本的にはリーダーシップをとっていました。

新城　でも、ガンダルフは道を間違えてるんですよね。最初の選択肢が間違っていたので、引き返すしかなくなって、行きたくないモリアに行っちゃう。

物語作家的に言うと、ガンダルフが「モリアに行きたくない」ってしつこく言うのは、「あ、行くんだろうなぁ」という伏線の敷き方として、「トールキン先生やるねえ」って感心するところなんです。「あそこには何か名状し難き何かがいるのじゃ」と言わせ続ける、あの感じ。

木村　ダチョウ倶楽部の「押すなよ」といっしょですよね。

新城　そうそう。興味抱いちゃいますよ、あれは。でも、最初の判断が間違っていたとわかると、嫌々ながら方針変更でモリアに行く。

しかも最初は、扉が開かない。あれはギャグじゃないかと前から私は疑ってるんです。トールキン先生は、時々変なギャグ入れてくるんですよ。

木村　そうそう、「唱えよ友」とかね。

新城　あれは良いですねえ。渋い、渋すぎますよ。

他にも、ビルボがいなくなったあとで、ホビット庄を好き勝手にしちゃう親戚のサックビル＝バギンズという一家がいるんですけども、ホビット庄に住む名前のあるホビットの中で、ほぼ唯一このサックビル＝バギンズ家だけが、フランス風に映る名前なんです。"Sackville"の最後についている「e」は発音しない。

トールキン先生はフランス嫌いで、というかフランス語が嫌いで、「あんなの汚い」とかって差別的なことを言っています（笑）。さらに、サックビル＝バギンズを略称でS.B.と書くんですけど、あれは英語で言うと"son of a bitch"（クソ野郎）につながるのではないかというツッコミを、ファンタジー作家のピーター・ビーグルが書いてまして。

マニアは、そういう細かい言語学的ギャグなんかを発見して、喜んでるんです。

木村　マニアではありませんが、私の娘が一番気になる台詞は、モリアでガンダルフが落ちるときの"Fly, you fools!"「行け、バカモノめ」らしいんですよね。「早く逃げなきゃいけないところで、何をやっているんだ」というのを気づかせてくれるのがいい。

新城　いまふうに言うと、ツンデレですよね。

木村　まさにツンデレですよ。映画が最初に公開されたときは、このシーンで“fools”を訳してなかったんですよ。

新城　そうでしたっけ。

木村　最初のバージョンでは、仮定法が訳せていないとか、字幕に不十分なところがいろいろあって、あとで直している。だから、いまはもう「行け、バカモノめ」になっています。この台詞は、娘と一緒で私も好きです。

新城　そうですね。ガンダルフのキャラとしても非常に正しい。彼だったらこう言うだろう。

木村　“Fly, you fools!”から、合理性とは何かも勉強したんです。どっちにしろ助からないんだから、逃げるのが一番合理的だろう。ときには非情にならなきゃいけないみたいな。そういうものも教えてくれる作品だなと思いました。

読解力が前提

新城　「『指輪物語』がリベラルデモクラシー的である」というのをさっきから頭の中で考えているんですけど。とても不思議に感じることがあるんです。

いろんな人種なり民族なり種族が結集して頑張るというのは、まさに多様性を許容するという意味でのリベラルデモクラシーですし、それが60年代アメリカで受けたというのも、アメリカ的な理想と共鳴するところがあったんだとは思うんです。

ただ、あのときアメリカの若者が反対していたベトナム戦争は、アメリカ国家自体がやっていたこと。つまり、巨大な力として弱い国を叩いていたのは自分たちです。

あるいは、20世紀末から21世紀頭にかけて、「『指輪物語』は現実の世界の動きとここが似てるぞ」とか、「『指輪』みたいにわれわれも結集せにゃならんぞ」という読まれ方をしていますが、サウロンに相当するものは、相変わらずアメリカであったり先進国であったりする。つまり、この本を読みやすい立場にいる人たちが住んでいる国家のやっていることでもあるんですよね。

この点は、作品論になってしまうのか、あるいはそこから逆に、いまのリベラルデモクラシーというものを読み解くきっかけになるのかもしれないんですけども。

木村　よく言われることではありますが、「一つの指輪はすべてを統べ“One ring to rule them all”」という最初の詩がかなり示唆的で、サウロン陣営の悪の特徴は、頭を使わないことにあるんですよね。何も考えずにただ付き従う。意思が一つしかないサウロン陣営と多様性との争いが、広い意味ではこの物語のテーマになっている。

「意思が一つしかない存在」と言えば、当然トールキン先生はヒトラーを見ていたのでしょうが、それはいまでもある。卑近な例で言えば、私のツイッターにも、コピー・アンド・ペーストのような悪口リプ（返信）がうじゃうじゃ湧いてくるわけですよね。

そうしたものにリベラルが対抗するには、やたら長い会議を乗り越えなきゃいけないし、情緒に流されずに合理的にやらなくてはいけない。そういうことを読み解けるからこそ、

『指輪』が読み継がれていくという面があるのかなと思うんです。

新城　そうなんですね。たとえば日本に住んでるわれわれが「多様性を重視したい」と指輪の仲間の側に自分たちを重ね合わせるのは、ある種、健全なことだとは思うんです。ただ、ほんとに対応関係を突き詰めていくと、「モルドールのサウロンの側もまたわれわれではないのか」ということをつい考えてしまうんですよね。

木村　それは当然だと思います。一つの国の中に両方の価値体系が存在している。指輪戦争は、どんな団体の中にもあるということだと思いますね。

新城さんの描かれた『島津戦記』（新潮社）の架空引用（実際には存在しない文献から引用した体裁で載せている文章）に、「あらゆる技術は、その他の様々な文明の精華（中略）と同じく、けっして直線的に発展するものではなく、いったん失われたのちに再び取り戻されることもまた稀ではない」というのがあります。これに、私は非常に感銘を受けたんです。日本も含めどんな地域でも、「リベラルデモクラシー」というところまで発展してきた」という面と、「それはいつでも失われ得る」という面とが、両方備わっている。単純に直線的に歴史が発展するわけじゃないということに、注意すべきだと思うんですね。

架空引用では続けて、失われ得る文明の精華として詩歌・絵画・音楽・数学に加え、理性と寛容さというのが置かれている。

新城　なるほど。私はそんなことを書いてましたか（笑）。いやいや……。

木村　これがすごいと思いました。理性と寛容さが決して直線的に発展するものではなく、一旦失われることもある。

新城　私の学生時代は、ちょうどアナール学派とかが流行ってた時期なので、「歴史学を見直さなければいかん。発展主義なんてダメなんだ」みたいなことを若いころに叩き込まれた世代なんです。発展というのは、いや発展という言葉ですらなくて、変化というのは直線的ではないし、いつでもあっと言う間に失われる。

　歴史上いろんな優れた技術が失われたり、いろんな優れた制度がおじゃんになったりしてるのは間違いないことなんだから、例に漏れず、現在のわれわれも、同じことに直面する可能性は多々あると。

時間をかけて咀嚼するということ

木村　現に本を読む文化は、いま、危機的状況なわけですよね。

新城　昔に比べて、少なくとも読み方は変わっているし、読むものも変わっているし、読まれている量もおそらく変わっていますよね。

木村　『指輪物語』はもう出版できない。

新城　当時も厳しかったみたいですけど。だって、『指輪』が３部作になった理由は、第二次世界大戦後のイギリスでは紙が足らなくて、全部一遍には出せないので、書店が勝手に３分割したらしいんです。そんな偶然から、ファンタジーは３部作にするのが当たり前のようになってしまった。だから、第１部の評判が悪かったら、『旅の仲間』しか出版されなくて、未完の傑作と言われる幻の名作になっていたかもしれない。

いまだったら、こんなに大量の原稿、分厚い文庫本にして10冊分もの原稿をいきなりぽーんと持ってきて、「書くのに17年かかりました」「『ホビットの冒険』の続編です」とか言われたら、企画会議を通るわけがない。

木村　この対談も新書の企画なのに、17万字ありますから、通常の新書の倍近く。大丈夫ですかね。

読めば「おもしろい」って思ってもらえる自信があるんですけれども。このテーマで、これだけのボリュームを読みこなそうという人が、いまの日本にどのくらいいるのか。出版社がこれでＯＫを出してくれるのか。社会調査として、ちょっと楽しみです。

新城　「本を読む文化が危うい」という話で、ふっと思ったんですけども、リベラルデモクラシーというのは印刷物なしで、ネットだけで維持できるんですかね。検索とリンクだけで。

木村　難しいと思いますね。

リベラルデモクラシーを運用するには、リベラルな憲法の価値をある程度理解できる人がそれなりの人数だけ存在する必要がある。つまり、かなりの読解力を持つ人たちが、一定程度の訓練を積むということが前提になります。理解度が下がったり、理解できる人の数が減ったりすれば、当然、リベラルデモクラシーの危機を乗り越えられなくなる。

先ほども触れましたが、東ロボくんプロジェクトの新井紀子教授は、人間の読解力の低下を憂いています。

リベラルデモクラシーは、多くの人が普通にやっていると陥りがちな罠にはまらないよう、あらかじめ封印のお札を貼っておくようなものなんです。ですから、デモクラシーの側がある程度自制してくれなければ、「お札があるからやめておこう」と思ってくれなければ、リベラルデモクラシーにはならない。「昔の誰かが貼ったお札なんて無視するぞ」となったら、簡単に破られてしまいます。デモクラシーが不幸を導かないようにするには、理性的な判断ができるとか、正しい状況認識に基づいて行動できるといった、いろいろな条件がそろっていないといけない。
それなりの時間をかけて、質の高い情報をみんなで咀嚼しないと、リベラルデモクラシーはおろか、デモクラシーも機能しなくなる。ある程度時間をかけて、高度な文章を読み解く人がどんどん減るということは、そういう前提が欠けていくということですよね。

グーグルの公共心に人類の運命が⁉

新城　いまのブラウザの設計思想、たとえばツイッターやらＳＮＳやらの設計では、ある程度長い文章を読解するという能力自体が損なわれる、もしくは育たないということですか？

木村　育たないんじゃないですかね。

新城　それを育てるような形に、設計し直せばなんとかなるんでしょうか。

木村　ただ、それはとても難しいと思います。まず質の高い文章を載せるには、優秀な編集者がいて、著者が言ったことについてきちんと裏取りをしたり、校閲したりという作業が必要です。それだけのコストを、インターネットの原稿にかけられないでしょう。インターネットでは、正しさが必ずしも価値にはならないですから。

新城　出版社が運営しているサイトや、科学論文なんかは別として、ブログなどのインターネット上の情報の大半には、校閲さんはついていないですよね。

木村　校閲の入っている情報についてはアクセスしやすく、いい加減なものにはアクセスしにくくすることは、技術的には可能かもしれない。でも、投資対効果という面で考えたときに、明らかに投資価値はないんじゃないですか？

新城　グーグルとかが、最近ようやくファクトチェックみたいな機能を付け加えてはいます。ただ、それを付けた結果、グーグルの売上が増えるのか減るのかって考えると、下手すると減るかもしれないわけですよね。少なくとも利益は減るような気がする。

木村　そこは、ある種ぎりぎりのグーグルの公共精神みたいなものだと思いますけど。

新城　そうですよね。もうそうなると、グーグルとフェイスブックとツイッターとか何とかの上のほうの人、判子押す人の公共心に全人類の運命が懸かっていると言えなくもない。

それも考えてみるとすごいことですね。リベラルデモクラシーを１００年やった結果が、「３人の賢者が世界の運命を決めていく」という、どっかのファンタジー小説のようなことにいまの世の中はなっとるという。

木村　そうなっているということですよね。

道徳という病

新城　そういうネットのブラウザの設計思想について、法律学者の方ってなんか考えたりするんですか？

木村　言われてみれば、考えなければいけないですよね。最近の憲法学や法律学の反省点って、「法適用の前提条件を法は確保できない」ってことにあるんです。

新城　なるほど、それはすごい熱いトピックですね。

木村　ものすごく単純な例で言えば、道路交通法で「赤が止まれ、青が進め」と決めてある。でも「赤」と「青」という色を理解する人がいなくなったら、信号は機能しなくなってしまう。それと同じで、民主主義や人権が機能するには、いろいろな前提が必要なはずなんです。

新城　法が、意外に文化なり伝統なりに依存してたということが明らかになってしまうということですか？

木村　そうです。

新城　それはおもしろいというか、ほとんど文化人類学みたいな感じになってきますね。

木村　まさにそうだと思います。

新城　そのことに気づいた法学者の皆さんはどうしてるんですか？　何ができるんですか？

木村　まず総体的に見ると、うろたえてる感じです。

新城　（笑）いやあ、それは正しい反応だと思いますよ。

木村　まずうろたえた上で、「本気でメンテナンスしなきゃいけない部門からメンテナンスしなきゃいけない」っていう反応になるんじゃないですかね。

新城　それは、たとえばどの辺なんですか？

木村　たとえば教育ですね。学習指導要領の改正で道徳が「特別の教科」とされましたが、そこで教える内容が「郷土愛」「みんなで頑張る」「親への敬意」といったもので、「法の支配」からかけ離れた内容なんです。せめて「人の支配」ぐらいになってくれていれば、支配の主体が見えそうなものですが、もっと曖昧に「空気の支配」だったりして、どうにも動かない不合理なルールがまかり通っている。

こうした問題点が鮮烈に表れているのが、巨大組体操です。巨大組体操には死者や重大な後遺障害の危険があるにもかかわらず、「伝統だから」とか「みんなでやると感動するから」といった理由でやめられない。これは、「学校は児童・生徒の安全に配慮せねばならない」という法的な義務に反しているでしょ、という話です。

法律って、そもそも多様な価値観を持つ人間が共存するための最低限のルールを定めたものなんです。でも、学校では先生がその最低限のルールを理解せずに、危険な巨大組体操を子どもにさせたり、体罰という名の暴行・傷害を平気でしたりする事件もある。

その半面、誰が言い出したのかよくわからない道徳を子どもたちに押し付けてしまう。法律を無視して、自分にとって都合のいい道徳観を押し付けることの延長に、ブラック企業問題とか、不当な生活保護バッシングとかがあるんですよね。

「初等・中等教育のレベルから法学教育が必要ではないか」という動きは弁護士会などにもあって、それなりに活動を進めてきています。まあ、弁護士さんが法学教育を進めるのは、道徳教科化みたいな抽象的な危機感ではなくて、もっと現実的に、「困ったことがあったら、法律があなたを助けてくれますよ。ちゃんと弁護士に相談しなさい」って話なのかもしれないですけれど。消費者問題とか労働問題とか、「仕方ない。自分だけ我慢すれば」と思っていることの中にも、本来であれば法律で救済されるべきことがたくさんありますからね。

教育以外ですと、社会保障への関心は高まっていると思います。もちろんもともと大事な分野ですが、やはり経済が悪いと、リベラルデモクラシーの前提を確保できませんから、危機感が強くなっているのではないでしょうか。

新城　そういうことですよね。衣食足りてなんとやらですね。

判決も世論が出発点

新城　いまの話を伺ってちょっと思い出したのが、ブラッドベリの名作ＳＦ『華氏４５１度』なんです。世間的には、あの作品は「本が禁止された世界」を描いたものだと理解されている。ただ、もちろん最初はそういう見せ方で話は始まるんですけども、読んでいくにつれて、本が禁止されているというよりも、「どうせみんな読まなくなっちゃってるんだからいいじゃん」っていう社会であることがわかる、そんな展開があったと思うんですよ。私の記憶では。

禁止するまでもなく本が廃棄されていく世界、それはもう既に来ているのではないか、現実のいまこれが既にそうなのではないかという気が、ちょっとしていまして。それこそジョージ・オーウェルの『１９８４年』とか『華氏４５１度』とかのディストピアＳＦでは、「書物が禁止されました」みたいなことをよく言いますけども、「禁止するまでもない」という可能性に、実はみんなあまり気にしてないのかなぁという。

ＳＦ作品の中では「禁止するまでもない世界」が描かれているのに、読者の側がそこを読み落として、「強制的に禁止されている」「強くて悪いものが押し寄せてくる」みたいなイメージで捉えてしまっているのかもしれない。

みんなのリテラシーがないと、「ちゃんとものを考えた上で行動する」という文化・伝統がないと、そもそも法律が機能しないといういまのお話は、非常に重要な感じがしますよね。

最初のほうで、近代法というシステムは、西欧で生まれた特殊なシステムなんだけれど、それが世界に広がったというお話がありましたよね。

木村　そうですね。西欧の外にいる人たちも、資本主義経済や、「個人の尊重が大事だ」という自由主義に魅力を感じた。それを手に入れたかったら、近代法のシステムを取り入れるしかない。つまり、近代社会と近代法とは表裏一体なわけです。

新城　では、リベラルデモクラシーの前提がちょっと危うくなってきている中で、自由経済とかグローバルな金融経済とか、あるいは科学技術とかがそのままなんだとすると、まず何が起きるんですか？　法律が、誰か一部の人間が決めた、いい加減で不平等なものになってしまうんですかね。

木村　近代法の特徴は、誰にでも平等に適用される「一般的・抽象的な法規範」ですから、それが崩れるということは、「不正」と言われる事態が横行することになるでしょう。権力者が犯罪をやっても処罰をされない。権力者の身内が安く国有地を使えたりしても誰も追及できない。

新城　追及しようとしている人たちがいて、国会で追及したり、法廷に持ち込んだりしたときに、空回りしちゃうということなんですかね。

木村　その通りです。制度というのは、最後は社会の支えがないとうまく機能しない。いろんな国の憲法裁判所の判決を見ると、「たとえ法的に正しくても、世論の支えがないと判決は出せない」という感じがします。

世論から乖離した判決を書けば、たとえ法律専門家から見て優れた判決だったとしても、裁判所への不満が噴出して、裁判の権威そのものが失われてしまう。逆に、世論の支えがあれば、政府と多少対立しても、ある程度大胆な判決は出せるんです。

新城　なるほどね。いまアメリカでも、そういう文化的な摩擦になっている。オバマ時代のリベラルな裁判所や、オバマ政権が推し進めたリベラルな政策が、ある種の逆襲を受けているというのは、たぶんその辺だとは思う。特にアメリカの場合、州によって全然カルチャーが違うので。

それこそ経済が悪くなったり社会不安があったりすると、人々に長いスパンのことを考える余裕がなくなってしまう。そうなったら、世論なんてあってなきが如しで、不安を抱えた人たちが、ガアーッと盛り上がってしまう話題、たとえば「同性婚を認めるか」なんて話は、宗教的な逆鱗に触れてしまって、たとえ裁判所が「同性婚を認めなさい」と言ったところで、「そんなの絶対に許せない！」と盛り上がってしまう、こともある。

木村　そうですね。

新城　でも、リベラルの基盤が揺らいで、権力者が好き勝手やっているのを止められないとなると、最終的には「法の支配」すら、どっかに行ってしまうということなんですかね。

木村　まあ、単純にそういう話ですよ。

Ⅳ　リベラルデモクラシーの条件

民主主義は結局、金持ち政治？

新城　私は小説家、しかもＳＦ作家であるせいか、「どうやったらシステムを壊せるか」ということをつい考えてしまう。リベラルデモクラシーについても、「これが壊れたらどうなるのやら」とか、「リベラルデモクラシーなしで近代社会を成立させるとしたら、代わりに何が要るのか」みたいなことをつい考えちゃうんですけども。

木村　「リベラルデモクラシーが乗っかっている層がどういう層かを考える必要がある」というご提案だと理解したのですが、近代立憲主義ができる前、つまり、前近代的な国家秩序の特徴はなんだと思いますか。

新城　前近代の「政府」の特徴じゃなくて、「国家」の特徴ですか？

裁判権は握っているけど、他は好きにやれみたいな、そんな感じですか？

木村　そうですね。法学部的な観点から重要なのは、「多元的な秩序」になっているところです。たとえば、日本の場合には、戦国時代なので、各地域に領主がいて、武家だけでなくお寺や公家もそれぞれに武力を持っていた。

新城　そうですね。他の権威主体がありますしね。

木村　社会の中に様々な権力主体が分散している状況の一番の欠点は、内戦が止まらないこと。ヨーロッパでも宗教戦争に散々悩まされて、それを解決しようとできあがったのが「統一的で暴力を集中した国家＝主権国家」だったわけです。しかし、主権国家をつくると、確かに内戦は終わるけれど、今度は、主権国家による権力濫用という問題が起きてくる。そこで、法による権力の拘束を本気で考えなきゃいけないということで、立憲主義という考え方が出てきた。

立憲主義は「内戦を防ぐ絶対的な主権国家」という層に乗っかっているわけですから、リベラルデモクラシーを破壊すると、絶対的な主権国家に戻ることになる。それは、軍政時代のミャンマーや、いまの北朝鮮のような状態になるでしょう。さらに、主権国家のシステムすら破壊されると、今度はソマリアやシリアのような内戦状況が現れる。ごくシンプルに言うと、そういう構図だと思います。

新城　世界の超お金持ちたちが、「リベラルデモクラシーは面倒くさいから嫌だな。でも、自由経済なりグローバル金融なり科学技術なりは残したいなぁ。とりあえず絶対的な主権国家までは一旦遡っちゃおう。それで、リベラルデモクラシーよりもお金持ちに優しい何かを入れたいなぁ」と思った場合、たとえば「寡占政治＝超お金持ちの合議制」で国家権力をコントロールしようとしたら、それは安定しちゃうんですかね。

ブルジョアジー民主主義のような制限政治。要するに、お金を稼いで税金を払ってる市民しか投票できないみたいなところまで戻っちゃうというのは、先進国であり得るんでしょうか。

木村　現代社会において、投票権そのものを制限するのは難しいと思います。一度獲得した権利を奪うと、ものすごい反発が起きますから。

でも、たとえばアメリカでは、投票に有権者登録が必要になりますが、ノースカロライナ州では、有権者登録に写真付きのＩＤを要求することで、アフリカ系アメリカ人の登録を困難にする法律を２０１３年につくりました。これは、表面的には不正投票防止を謳っていますが、実際にはアフリカ系アメリカ人の登録を困難にする意図だと言われています。この法律は、2016年に連邦控訴裁判所によって無効とされましたが、他にも、投票所を不便な場所につくるといった細かい嫌がらせをして、選挙に参加できる人を選別するということはあるでしょう。

あとは、情報操作ですね。科学的に分析すると、一部のお金持ちにだけ有利で、多くの一般国民にはメリットのない政策があったとしましょう。そんな政策でも、「この政策をやらなければ、この国はダメになるんだ」と刷り込むことができれば、全国民による選挙で合法的に選ばれ続けるようになる。お金持ちって、もともと選挙に強いので、選挙で勝ってしまえば、いろんな形でメディアを懐柔して、都合のいい情報を流して、世論を思いのままに操作できてしまう。

新城　特にアメリカの場合は、政党や政治家個人に企業や労組が直接献金することは禁止されているけれど、政党や政治家個人と直接関係のない――ふりをしているけど実はどちらかの候補の応援団であることは明々白々の――スーパーPAC（Super Political Action Committee）と呼ばれる団体には、企業も無制限に献金できてしまう。そのお金を使って、スーパーPACは、対立候補のネガティブキャンペーンCMをどんどん打ててしまう。

木村　スーパーPACが「独立の表現団体」として認識されているので、アメリカ合衆国憲法修正第1条の「表現の自由」として手厚く保護される。だから、そこへの法的介入には慎重になってしまうのでしょうね。

新城　アメリカの選挙戦を見ていると、さっき言った「自然人」「法人」「架空人」のうち、「法人」の時点で既にSFみたいになっちゃってる感じがして。

そうなるとリベラルデモクラシーの基盤であるところの、「ちゃんとした経済的基盤がある中で、落ち着いて考える時間を持つ」ということは、すごく重要なことになってくる。それ抜きだと、和田邦坊が第一次世界大戦時の成金を風刺して描いたあの絵、太った金持ちが札束に火点けて足元照らしながら「どうだ明るくなったろう」って言っている風刺画の21世紀版が来てしまう。

世界でも抜群に世襲議員が多い国

新城　日本では、法人が選挙にお金を無制限にかけることはできないですよね。

木村　企業献金には、一定の上限があります。たとえば平成27年の政治資金収支報告書によると、政党本部の収入総額に占める政党交付金の割合が、自民党で66・2％、民進党で81・4％です。日本では個人献金が集まりにくいと言われているので、政党交付金以外の収入の大部分は企業献金ということになるでしょうか。アメリカほどではないけれども、それなりの影響力はあるでしょうね。

日本では、企業献金をそれなりに認める代わりに、政治献金と政策決定との間に不正が生じていないかチェックできるように、総務省でデータが公開されている。誰がどこからいくらもらったかは、調べればいくらでもわかります。

新城 あれは1万円以上のものがデータとして出るんでしたっけ？

木村 個人の場合には、年間5万円以上だと住所・氏名・金額・日付が記載されるようです。たとえば、安倍首相の資金管理団体の政治資金収支報告書を見てみますと、大阪府の岡本さんは、毎月1万円出している。すぎやまこういちさんは、個人でできる政治献金の上限150万円をぽんと12月25日、クリスマスにプレゼントしてますね。

新城 クリスマスに（笑）。日付までちゃんと出てるのがおもしろいですね。

ということは、100万円を出所がわからないように献金しようとすると、20箇所以上に分散しないといけない。それは、ちょっとめんどくさくてやってられないですね。そういう意味では、日本はアメリカよりはましというか、メチャクチャなことになってないと。

木村 アメリカは、個人の才能でうまく目立って資金を集められれば選挙で勝てる。でも、日本の場合は、「地盤」という何とも言えない選挙ノウハウが必要で、遥かに世襲政治家が多い。日本では、政治献金よりも、そっちの問題が大きいかもしれません。

新城　世襲政治家の比率が一番高い先進国、たとえばG20だと、どこですか？

木村　専門外なので正確なデータは知りませんが、日本が一番だったとしても驚きません。近年の首相を考えても、菅首相、野田首相、森首相などの例外はありますが、安倍首相、鳩山首相、麻生首相、福田首相、小泉首相と世襲政治家、しかもかなりの名門の方ですよね。

外国を見ると、北朝鮮は別にして、中国やロシアだって、たとえばプーチンや習近平のお父さんが国家主席だったわけではないですよね。

新城　日本で世襲が多いのは、曲がりなりにも70年間システムがあんまり変わってないから、3代目が出始めやすいということなんでしょうか。たとえばロシアのいまの制度があと50年続いた場合、プーチンの孫は出てきますかね。

木村　佐藤優さんの本によると、そういう感覚はあまりないらしいです。ロシアの高官に日本の政治家を紹介したら、世襲があまりに多くて、北朝鮮と印象が被る。「世襲は東アジアに特殊な文化なのか」みたいな質問をされたとか。独裁国家かどうかと、世襲かどうかは違う話らしいですね。

新城　なるほど。お金次第で政治が動くという点からすると、アメリカのほうが、既にリベラルデモクラシーが壊れ始めていると言える可能性もあるのか。

日本は世襲の結果、政治家が私腹を肥やしていたり、仲の良い人が優遇されていたり、あるいは陳情をするにはこのルートがいいみたいな固定的なシステムができてしまったりとかして、少数意見が拾われないみたいなことは言われますけども、それは事実なんですか？

世襲が進んだことで、日本社会なり日本政治なりがこの50年か70年ぐらい、明らかに何かがこうなってるみたいな、いいデータってあるんですかね。

木村　それは難しいですよね。現状と比較すべき、「世襲がなかったらどうなっていたか」のデータがありませんから。

新城　どこをどう比較したらいいのか、難しい。どうすればいいんだ。

木村　我々の政治不信の原因に「政治家の世襲」があるのだとしたら、たとえ比較検証できなかったとしても、地道に変える努力をするしかないと思いますけども。

二つの「セイトウセイ」

木村　新城さんは、なぜ「システムを壊せるか」をテーマにしたいんですか？

新城　それはエンタメ小説家の癖というか、自分の邪悪な性格と言いますか（笑）。もう少し真面目に言うと、キャラを含めた社会のストレス・テストを脳内でやっておくと、ストーリーがつくりやすい。やっぱりお話が進むには何か問題が起きてくれないとダメなんですよ。クライマックスで壊れるのか、あるいは壊れた状態から始めて元に戻すのかはさておき、システムがヤバイことになっているほうが、お話はドラマティックになりやすい。

木村　「システムが壊れる」ってことを私なりに考えると、注目すべきはやっぱり感情の問題だと思うんです。

新城　感情の問題というと。

木村　政治って、「やっぱり最後は感情だな」ってところがある。アシモフのロボットシリーズでは、ロボットが人間を最終的にコントロールしますが、そのための手法として、武力じゃなくて感情をコントロールする。『アイ・ロボット』は、例によって映画版と小説版がありますが、映画版では非常にシンプルにロボットが武装蜂起する。当然、人間の反発を食らって壊されます。これには、「人間より遥かに優秀な人工知能であるはずのロボットが、なんで人間が怒る展開を読めないんだ」ってみんなが感じたと思うんですね。

新城　そうそう。ＳＦの映像表現におけるロボットの反乱というのは、結局、人間のカリカチュアでしかないんですよね。観客が理解しやすいように、常にそうなってしまう。原作版との違いは常にそこに起きるわけですけども。

木村　もともとのアシモフの小説版では、人間の感情をコントロールする能力を身に付けたロボットが、人間には「自分たちが支配している」と思わせながら、実はロボットが合理的な支配をやるという世界ですよね。

新城　まさにそうですね。ロボット工学三原則に基づいて「人間を守らなければいけない」と言われたときに、理性、合理性に基づいたロボットが最終的に辿り着いた結論は、「人間をあやし続けましょう」という解だったと。

木村　民主主義には、まさに「人間をあやす」という面がある。たとえば、なぜフランス人がお金をかけて国民投票をやるか。それは、結論は最初から見えていたとしても、「自分たちは国民投票に参加できた」と感じることによって、その決定に従おうという気持ちになりやすいから、という面があります。

憲法学や政治学では「セイトウセイ」という言葉には2種類あって、「正当性」は、結論が正しい・合理的だとか、公共の利益になっているといったことを意味する言葉、「正統性」は、“legitimacy”の翻訳ですが、その結論に対する人々の納得を意味する言葉です。

正当性は、結論が妥当ならば、誰が決めたかは問題になりません。でも、正統性の獲得には、誰が決めたのかが大事になります。同じ「消費税を10％に上げる」という決定でも、ロボットが決めたのか、人間が決めたのかで、全然受け取り方が違いますから。

人の感情をなだめる機能

新城　確かに、ゲームでも、Aを選んでもBを選んでも結局話は同じなんだけど、「人間がAを選んだことによって話がそっちに行ったように見せる」という設計をよく使います。それが人間には非常に大事だということですよね。それは法学、法律学の扱う範疇なんですか？

木村　おっしゃる通りです。天皇制なんてまさにそう。日本国憲法の下では、天皇は政治的権能を持たないので、少なくとも内容面での天皇陛下の日本統治への貢献はゼロであるし、ゼロでなければいけない。それなのに、法律が成立するときに天皇陛下に御名御璽《ぎょめいぎょじ》として判を押してもらうのは、国民の受け取り方に大きな影響を与えると考えられているからです。

新城　これまでの歴史的な正統性、歴史的な権威みたいなものがそこに付加されるということですか？　そうなると、法学は、最終的には「社会的な感情工学」みたいなところに行っちゃえるんですかね。

木村　行かなきゃいけないと私は思っています。たとえば、刑法は、もともと悪いことをした者への仕返しが、野放図になるのを防ぐ、リンチになるのを防ぐという機能を考えて設計されている。刑事裁判の結果に人々が納得しなくなったら、被害者やその支援者が暴徒化して、犯人を袋叩きにしかねないでしょう。民事訴訟にも、訴訟を通じて事実関係を再確認し、互いの主張に耳を傾けることで、一度壊れた信頼関係を回復する、平穏な市民社会を回復するという機能がある。

そういう意味では、法が求める正義や公平という価値は、まさに、「いかに人間の感情をなだめるか」を考えて設計されている。だから、法学が人間の感情をコントロールできないとしたら、法学なんて使い物にならない。

新城　まあ、そうですよね。法律ができるたびに、あるいは気に入らない裁判のたびに、民衆が反乱を起こして「松明《たいまつ》持ってこい！」とかってやっていたんじゃ、「法科」が「放火」になんて、冗談にもならないようなことが起きてしまう。

でも、法学が制御工学的な方向にぐいぐい踏み込んでいくとすると、その技術を持った人間は人間集団をあっちにも持っていけるし、こっちにも持っていけるみたいなことになる。つまり、ものすごく実用的な法律学というのは、ものすごい政治的な何かになるんじゃないですかね。それこそ「マジンガーZは神にも悪魔にもなれる」みたいな感じで、正義に使えば正義だけども、悪に使ったらえらいことになる。

木村　だから、民主主義は、「正しい結論を導き出す機能」と「正統性の感情を獲得する機能」の両方を同時に満たすような条件下でなされなければならないんだと思います。

民主主義の多数決って、「どの政策が正しいか」とか「どの人が政治家として相応しいか」みたいな問題の解を出すには、かなり合理的な技術だと思います。こういう問題はモノサシを当ててわかるほど簡単ではないけど、一般の国民であればそれなりに判断能力がある。だから、多数決をとれば、中には間違える人もいるんだけど、全体としてはそれなりに正しいものを選べる。その上、みんなが参加できるので、正統性の感情を獲得するにも有効だと。

新城　でもそうなると、投票の前がすごく重要になってくるわけですよね。つまり、それぞれがちゃんと時間を与えられて、しっかり考えた上で投票しないと。付和雷同になってしまっては、多数決の意味がないですから。

木村　そうです。「感情をあやす手段」と「正解を選ぶ手段」とがずれてしまったときに、民主主義は危機になる。

新城　人間の感情は案外、操作しやすいかもしれない。他方で、いまみたいに情報があまりにも速く多くなってしまうと、ゆっくりものを考える習慣みたいなものが失われてきているかもしれない。正統性も正当性も危ういってことですよね。

やっぱり「急がば回れ」

新城　話をしているうちに、このシステムは壊すのがあまりにも簡単なので、むしろ必死になって守る話にしたほうが、盛り上がりそうな気がしてきました。しかし、どう守るかというと、結構難しいですよね。
　いまの時点で私の妄想として思いつくのは、ブラウザの設計思想を変えたほうがいいんじゃないかということ。あとは、以前から私が主張している「ゆっくりお茶でも飲もうよ主義」。ゆっくりとした時間がいまは一番貴重なのに、あまりその価値が理解されていないのではないかという気がして。
木村　そうなんですよ。ものを考えると言えば、私にとっては将棋の棋士がそのモデルなんですが、『不屈の棋士』で、森内さんがコンピューターソフトについて聞かれて、「気持ちで反発しようとしまいと、便利なものには負けますよね」みたいなことを言っています。コンピューターソフトを使って勝てるようになるなら、みんなそれを使うようになるし、ゆっくりお茶を飲んだほうが勝てるんなら、みんなお茶を飲むようになるってことですよね。

新城　勝たなければいけないですか？

木村　新城さんがおっしゃっていた、「言語を使って治水する」という妄想も、まさに、言語を使った側が治水で勝ったってことですよね。

新城　そうですね。言語は、すべてのヒトを幸福にする技法としてはいろいろ問題ありですが、単に大勢を一気に動員する技術としては非常に優れているし、それでもって治水技術を広めて大量に穀物栽培できれば人口も増やせる。特に社会がシンプルであればあるほど、ちょっとでも人口増加率が高いほうが勝ってしまうので。

木村　さらに厄介なのが、内戦に強いということは、結局、外と戦争やっても強いということですからね。

新城　そうですよね。他の集団との競争で勝ててしまった結果、しょうもないシステムが世界を制覇するというのは日々起きているわけで、難しい。

木村　何かアイデアはありますか。

新城　いやいや、そんなすぐバッと出てきはしないんですけれども、せめて自分の子どもにはちゃんと本を読ませようかなとか、そのぐらいですかね。

木村　確かに、非常に個人的な闘いになってしまうんですね。

新城　身近なところから始めるしかないんですよね。子どもを育てていると、結局なんだかんだ言って、時間をかけるのが一番手っ取り早いなぁという、身も蓋もない結論になってしまう。子どもって、親が怒りにまかせて叱っても全然聞いてくれないし、短期的に言うことを聞いたとしてもすぐに元の木阿弥になる。しっかり時間をかけて、顔を見て、手を取って、懇々と説明してみたいなことをやったほうが、結果的に親の当初の希望通りに行動してくれるというのは、日々思うんですけどね。ただ、それだけの時間をかけるのが、なかなかない問題。

木村　やっぱりそこに戻ってくるんですね。マスターが一人ひとり時間をかけてあげるしかない問題。

新城　実は、現代社会の最大のテーマなのかもしれない。たぶんいま、みんなが一番欲していて、でも手に入れられなくて苦しんでいるのは、自分の話を聞いてくれる相手だと思うんですよね。それがいないせいで、みんな過激なことをネットで言って、「いいね！」を集めようとしているんだけど、それすらも虚しく消えていくという。

木村　ふと聖書のマリアとマルタのことを思い出してしまいました。イエスをもてなすために一生懸命働いていたマルタより、黙ってイエスの話を聞いていたマリアが褒められたっていうあの話です。聖書的にこの話をどう読むかはいろいろあるんでしょうけれど、話をしっかり聞くって、結構すごいことなのかもしれません。

書かれた経緯までウェブで読めれば

木村　ところで、ブラウザの設計思想を変えるって、具体的にはどうするんでしょうか。

新城　まずは、時間軸をきっちりと把握できるようにしてほしいんですよね。たとえば私がふだん使っているＭａｃＢｏｏｋ Ａｉｒなんか、バックアップ取ると、「タイムマシン機能」で２日前のバックアップ、３日前のバックアップと手前から奥にむかって立体的に表示されるんです。そういう感じで、いまランキング１位に出てきたこの記事は、３日前はどうだったのか、１週間前はどうだったのかっていうのが手前から奥にむかって並んで見えるようにしてほしい。この記事を書いた人は１週間前に何やったのかともあわせて、時間次元とか社会的な次元を増やして、ここで書かれていることの文脈みたいなものを表現してくれるとありがたいなと思うんですね。

いまはそれをやるには、一つひとつリンクを必死になって追いかけてやっていくしかない。

でも、そんなことやってられないでしょう。それを一発で視覚的に見えるようにしてくれたら、もうちょっとよくなるのかなぁと思います。ただ、そのシステムを壊す方法もなんか思いついてしまいそうで、ちょっと怖いんですけども。

木村　スマホは、そもそも画面が小さすぎるような気がしますけど。

新城　それもありますね。私もノートパソコンを使ってますけど、これよりちっちゃい画面はもう使えないですからね。スマホの画面の小ささたるや。なんであんなちっちゃいんですかね。なんとかしてほしいですよ。

木村　持ち運びのためなんでしょうけど。

新城　巻物みたいに、すすすーっと広げるとA3サイズ、小さくするとポケットサイズみたいなのを早く開発してほしいんですけどね。あるいは、扇みたいにぴょーんと広がるとかね。

木村　ブラウザの設計思想というのは、たいへんおもしろい発想だと思いますね。

キャラクターの「人権」

木村　新城さんはAIの人権の話もされていましたが、架空キャラクターに人格権というのはどういう発想から生まれたんですか？

新城　いままで私の書いたSFというのは、「それぞれのSFジャンルの中で、新しいことできないかなぁ」というところから構想を練っているんですね。『サマー／タイム／トラベラー』は、タイムトラベルものの中で、あまり書かれていない未来に飛ぶのをやろう、みたいな感じで。

それで、「そろそろロボットものを」と思いながら、「架空のキャラクターを現実世界の人間が云々してるけども、向こうには向こうの言い分があるだろう」と妄想していたんです。そこに、グーグルがＧｏｏｇｌｅブックスをやるという話が出て、著作権がわあーっと話題になった。それをきっかけに私の妄想が暴走し始めたんです。

著作権というものも、19世紀当初に比べたら随分変わってきたし、今後もたぶん変わるだろうから、どういうふうにこのシステムを改善するのがいいのかなぁみたいなことをもやもや考えてるうちに、世の中には法人というものがあるなぁということに改めて気づき、じゃ、法人の次の「新たな法律的なヒト」が誕生してもいいんじゃないかとだんだん考え始めた。そうしているうちに、「第3のヒト＝架空人」というコンセプトが、なんとなく頭の中で固まり始めた。

木村　法律家の発想としては、まず、何か達成したい目的があって、それを達成するための手段として法律をつくる。だから、「何を達成するために、架空人の人格をつくったんだろう」と思ったんです。

新城　話の中での設定としては、ペットや森の権利、あるいは霊長類の人権みたいなことを主張する人がいるというのを聞いたんで、それの延長線上として、「作者によってひどい目に遭わされているキャラクターを救おう」みたいな動きがきっかけで始まるのかなぁ、といまはだいたい想像しているんです。それはある種の人権思想というか、「困っている人を助けよう」の延長線上として、それが架空のレベルに突っ込んでいってしまうという。

ただ、その話を考えているうちに、現実のほうで似たようなことが起こり始めた。以前にちょっと話題になった東京都青少年保護条例の「非実在青少年」の問題とかね。あれは、「マンガの中のキャラクターがひどい目に遭っているので、法律で規制しましょう」みたいな理屈で表現を規制しようとしていたんですね。私はそれを見たときに、「うわー、もう来たかー」と思って。

いままでは、「読む側の青少年、特に未成年の発育に悪影響があるから、この著作物を規制しましょう」だったのが、いつの間にか、「話の中でかわいい中学生の女の子がひどい目に遭ってるのはいかん」という話になっていた。もちろん、そのときはそんな規制は実現しなかったんですけども、今後も何遍も来ると思うんです。
現実にこんな無茶なこと考える人いるんだと思って、ちょっと勇気づけられたというかなんというか（笑）、不思議なふわふわ感を味わいました。

木村　あまり議論を追っていなかったんですが、非実在青少年の議論って、読む人への悪影響じゃなくて、物語の中のキャラクターがかわいそうというところに力点があったんですか？

新城　最初は読む人への悪影響だったんですけど、確か、キリスト教原理主義の人の動きが入ってきているかなんかで、「著作物そのものに倫理的にダメなことが書いてあったら、それはダメなんだ」みたいなロジックが出てきて、その延長で、東京都側の人がそういう理屈をつくり上げたらしいです。

人かモノかの二分法

木村　その論理で行くと、猥褻《わいせつ》系のものに限られないということですね。

新城　そうなんですよ。そのときの表現規制反対の人たちが最初に思ったのが、「じゃあ、ミステリーとかどうするの？　殺人やっちゃいけないの？」って。そしたら、「マンガはダメだけど小説はいい」とか、まさにミステリー（笑）な二の矢が向こうから飛んできたそうなんですよ。最終的には、「マンガはダメだけど、手塚治虫の名作マンガはいい」とか、もうほんとに振り上げた拳が下ろせなくなって、訳のわからない論理の袋小路に入っていった。そういう記憶があります。

ただ、「非実在青少年にも保護するに足る何かがあるのだ」というロジックを見て、「なんかの目的を達成しようとして、そういうへんてこりんなロジックを考える人間が世の中に実在するのだ」ということに、私はある意味勇気づけられたというか、げんなりしたというか、「もう追いつかれちゃったのかあ」みたいなのでちょっと……。

木村　「物語の登場人物がかわいそう」という感覚はありますよね。

新城　そのロジックを何とか掬い上げて再利用しようと私が考えたのが、まだ実際の短編にはしてないんですけども、「私は私に対する攻撃だけじゃなくて、私の所属する集団に対する攻撃に関しても傷つくことがあるんだ」というロジックです。

私がもし美少女であった場合は、絵に描かれた美少女がレイプされたりすると、私もレイプされた気持ちになるので、その傷ついた分をカバーしなければならない。そういうロジックはあり得るんじゃないかと。これを延長していくと、いったいどこまで変なことが起きるのか、まだ自分でもちょっと測りかねているんですが、かなりドラマティックなことが起きるのは間違いないですよね。

木村　それは、少数者の権利や平等権、差別の分野だとよく出てきますね。小説の中の女性の描き方が女性差別ではないか、みたいな抗議はよく目にします。

新城　そうなんです。だからギリギリのところまで行ってる例は実際にあるとは思うんですけども、それをもうちょっとアクセル踏み込んで、つまり、民族や言語集団というだけじゃなくて、「趣味を同じくするもの」とか「たまたま見た目が似ているだけのもの」まで集団として扱うところまで踏み込むと、いろんなＳＦが書けるなぁとは思うんですね。最終的には、「平成何年何月に生まれた人間たち」なんていう集団もつくれちゃうわけです。

木村　法的には、法人格の話よりも動物愛護系列の話に近いような気もするんですが。

新城　そうですね。そっちの流れのほうが近いと思いますが、でも、前にも話しましたが、ニュージーランドでは川の人権が認められたというのを聞いて、なるほどなぁと思ってたんですけどね。

　動物愛護のロジックというのはどういう形になってるんですか？　フランスのほうでは、霊長類の人権を認めよう運動とかあるらしいんですけど。

木村　法的には人かモノかしかない世界なので、「大事なモノ」として扱うしかないですよね。

新城　大事なモノを、モノよりもちょっとワンランクだか0・5ランクだか上げるためのロジックというのはないんですか？

木村　法の世界はデジタルなので、0・5上げるというのは存在しない。あくまでも大事なモノとして、傷つけてはいけない、という発想になるでしょうね。ダ・ヴィンチの描いた『モナリザ』を文化財として大事にするのと同じことだと思います。

意思決定の終着点

新城　主体としてではなくて、誰かが守りたいと思ったから守られるべき存在であるということですね。その論理で、もし「架空人」、つまり二次元なり文字で書かれたキャラの権利を守ろうとすると、熱烈なファンがいるからとか、そういうロジックになるんですか？

木村　そういうロジックになるんでしょうね。このキャラクターを傷つけると、そのキャラクターを大事に思っている人が傷つくからという、そういう論理じゃないですか？

新城　その話で行くと、『スター・ウォーズ』シリーズをジョージ・ルーカスが持っていたころ、CGを付け足したり、アナキンの顔を変えたりと、やり直しバージョンを何遍かやったじゃないですか？　それに対して、アメリカ中のファンが「俺たちの『スター・ウォーズ』を勝手に変えるな」って怒ったんですよ。

法的には、著作権は当時、ルーカスフィルムが持っていたことに間違いはない。ただ、ファンとしては、自分たちの子どものころのあの思い出が勝手に書き換えられるのに、「おまえ、何すんねん」と納得がいかない。つまり、「作者だからって何してもいいわけじゃないぞ」という論理が組み立てられつつあったらしいんですよ。

木村　確かにそうですね。いまモーツァルトが生き返って、「この協奏曲の冒頭をこう変えます」と言われたら、「やめてくれ」ってなりますね。

新城　そうそう。それに費やした心とか時間とか、あるいはそれに基づく自分の素敵な思い出、少年時代のあの気持ちに、保護するに足る何かがあるのではないか。まだそれが何なのかは、ちゃんとしたロジックにはなってないんですけども、ディズニーがルーカスから権利を買ったとき、あるファンは「奴らは著作権を持っていても『スター・ウォーズ』を所有してはいないんだ」と表現していました。"They don't own Star Wars. They only have licenses."という言い方。すごいロジックだなと思うんだけど、そこから何かが芽生えるかなぁと、当時ちょっと私も妄想していた。
　アメリカってすごいなと思うのが、そのいい加減なロジックが最近暴走し始めていることです。『ゴーストバスターズ』のリメイクで、主人公たちをみんな女性にしたら、オルタナ右翼系を中心とした『ゴーストバスターズ』ファンが「俺たちの思い出を勝手に汚すな」って怒ったらしいです。

木村　アメリカは、理論的に考え得ることを突き詰めて実践しちゃう、おもしろい国ですからね。

新城　アクセル踏みまくりの国ですからね。でもいま、いろんな形でフィクションの世界に対する人の気持ちがえらいことになって、そのうちダメモトでへんてこりんな裁判とかやるんじゃないのかなと思いますね。それが前にも話した、「作者によるダンブルドア教授のアウティングはいいのか」っていう私の問題意識にもつながるんですけども。

木村　「作品の登場人物が傷つけられた」という感覚を、人かモノか、どちらの概念で整理すべきかと考えると、やはりモノだと思うんです。なぜなら、人とは「意思決定の終着点」ですが、架空の人間が意思決定の終着点であるとは考えにくい。

新城　それに、先ほどのお話から言うと、架空人に人格を認めるには、「架空人を認めないよりも認めたときのほうが社会が良くなる」という条件が必要なんですね。どう良くなるのかが、私の中でまだちょっと見えていない。

でも逆に言うと、架空人という枠組みを認めたほうが、社会が豊かになるし安全になるし企業は儲かるし、ということにもしなっちゃったとしたら、結構するするーっと認めちゃうような気がするんですよ、特にアメリカで。

アメリカのどこか2、3の州だけ先駆的に認めるということになるとしたら、最初に始めるのは、ロードアイランド州かデラウェア州だという目星をつけているんですけど。

AIが書く小説は売れる？

木村　こういうことをあらかじめ考えておくのは、AIの法律的な扱いがややこしくなったときのために、結構大事かもしれないですね。

新城　いや、そう思います。AIはここ数年で飛躍的に発展しましたから、「空想上のキャラに、考えるパートとしてのAIをくっ付けたら、それ意思決定の主体になるんじゃねえの？」とか最近ちょっと思い始めていて。ものすごい汎用性の高いAIがキャラクターの意思部分を担当した場合、「それはAIだから意思決定ではなくてプログラムにすぎないのではないか」という問題はあるにせよ、多くの人が「キャラクターの意思だ」と感じる程度には、いまの技術でも持っていけるような気がするんですよ。

木村 チューリング・テストみたいなやつですよね。「注意深くない人間から見て、意識があるかのように振る舞うＡＩはつくれるか」といったら、それ簡単ですよね。

新城 判定する人間がゆるゆるの判定をすれば、割とチューリング・テストって合格しちゃうんですよ。常々、私は「もうじき人工知能ＡＩは小説を書いて、それが売れるようになるぞ」って言ってるんですね。プロフェッショナルな人たちとか一般の人たちは、「いや、まだ10年20年、いや、もっとかかるよ」とか言うんです。でも、小説を読むのは人間ですから、人間の側の読解力が下がっていけば、ＡＩの能力がさほど高くなくても、楽しんで読めちゃうんですよね。私は人間の読解能力は結構簡単に下がるんだろうと思っているので、もうじき来るんじゃないかなぁと実は予測してるんですけど。

木村 「2ちゃんねる」への自動書き込み機とか簡単ですよ、きっと（笑）。実際、いまのハリウッド映画って。

新城 そうそう、脚本レベルではかなりなところまで、少なくとも試行錯誤部分はＡＩを使って、ビッグデータを参照しながら、場面の箱書きぐらいならたぶんいまも技術的にできる。

あとは、その順番を人間が調整して、最後の味付けに「先生、お願いします」と、ひと筆ふるうだけで、名作ができあがるっていうのは、十分あり得る話ですからね。

芸術と言われるものでも、工房でバアーッて弟子がたくさんつくって、最後に先生が仕上げするだけっていうのは、レンブラントの昔からやっていますから。

そんな感じで、いましゃべったような夢想が現実化し始めている近未来を舞台にして自然人と法人と架空人とが愛し合ったり争ったりするというSFシリーズ〈あたらしいもの〉を数年前に書き始めたんですけど、もはや現実が追いついてきてしまった。それで、こういう対談の機会なんかに、「小説を書くだけでなく、しゃべってしまうことで『作品化』できないだろうか」みたいな感覚で、今回の企画も試みているんです。

木村　AI研究者の間では、「汎用AIとかシンギュラリティとか意識の獲得なんてことは絶対にあり得ない」っていう人たちと、「まあ、あるんじゃないの?」っていう人たちで、立場が分かれてるようです。

新城　何対何ぐらいの比率ですか?

木村　ちょっとそれはわからないですが、「そんな日は来ない」っていう人のほうが、声は大きい気がします。AIの仕組みを理解している人からすれば、AIがいかに高度なことをやって意識があるかのように振る舞ったとしても、単なるプログラムの計算結果にすぎない、ということなのかなと思います。

新城　「ＡＩ自体に意識なり自我なりが発生するか」とか「シンギュラリティがあるか」ということには、実は私はあんまり興味がないんです。むしろ出てきた成果物に対して普通の生身の人間がどう反応するかのほうが気になっているんです。

そっちからすると、シンギュラリティもなく自我もなく、別に反乱も起こさない、ただの計算結果がボンと出てきただけでも、結構すごいものが出るんじゃないかなぁっていう気がしてるんですよね。それで十分なんじゃないか。

木村　わかります。特に日本人の場合、１００年たったら下駄でも鈴でも急須でも付喪神《つくもがみ》になっちゃう国ですからね。

新城　それがＡＩ研究者の方からすると、噴飯ものの意見かもしれないですけども、実際問題、一介のＳＦ作家、ユーザーとして考えると。

木村　プログラムから意識が出てくるというのはオカルトである。理屈ではそうなんでしょう。でも、ＡＩに人間と同じような意識を感じる人がかなりの数に上るのは、時間の問題だろうという気はしますよね。

新城　まあね。アイボでさえも相当な愛情を注がれていたわけで。うちの子もＳｉｒｉ（シリ。人の問いかけに答えてくれるアップル社のアプリ）と会話してます。「なんか言ってるよ」とか言いながら。

それこそ赤ちゃんとか、普通に人形遊びしますからね。あれはどこまで物体だとわかっているのか、それともわかっている自分を騙すことはできているのかも、それはよくわからんです。

木村　わからないですからね。なるほど。

Ⅴ　完璧な法律

「戦闘行為」はなぜ問題になったか

新城　「最も美しい論理構造の法体系」というのがあったら、それに人は耐えられるのだろうか、とふと思ったんです。

前に出た話の辺野古基地問題を、「自治権の制限」と「住民投票」に関する憲法条文を使えば、絡まっている問題がすぱすぱすぱーっと解けるとの話には、すごく説得力を感じる。でも、現実社会のほうはそう動かない。そこには、何かあるんだろうかというのが、問題意識です。

仮に「完璧な法体系」がつくれたとして、それは現実社会にとって使いやすいものになるのか、あるいは、専門家から見ると完璧なんだけど、一般人にはよくわからんみたいななんかになってしまうのか。

木村 法には、「一般人が理解できるものでなくてはならない」という明確性の要請があるので、「最も美しい論理構造」と言えるためには、一般人が明確に理解できるということも含まれるはずです。

憲法論で言うと、憲法九条の下で許される実力組織の活動範囲は、専門家から見るとかなりクリアな理論体系ができているんです。たとえば、南スーダンでのＰＫＯ派遣中に「戦闘行為」があったかが話題になりましたよね。

新城 ああ、自衛隊員の日報には戦闘行為があったと記録されていたのに、稲田防衛大臣が、戦闘行為ではなかったと説明し続けたあれですね。

木村　あれって、防衛大臣としては、完璧に正しい発話をしているんです。でも、一般人は全然理解してくれない。

どういうことかと言うと、憲法九条は「戦力の不保持」を定めています。だから、九条だけを見ると、自衛隊が存在するのは違憲に思える。でも、憲法十三条には、国民の生命、自由、幸福追求の権利を、国家は最大限に尊重しなければいけないと書いてある。もしも外国軍の侵略を放置すれば、国民の生命等を守れない。だから、侵略を排除し、日本国の主権を維持するための必要最小限の実力は持つべきだ。そういう理由で自衛隊を合憲としているんです。

では、国民の生命とは関係なさそうなPKOがなぜ許されるのかというと、自衛隊は、外国からの要請を受けて、治安維持や復興・インフラ整備を手伝っているんですね。確かに、自衛隊は治安の安定しない場所に派遣されるので、それなりの武器を持っていきます。でも、自衛隊は、あくまでも軍人としてではなく、警察官や土木事業者と並ぶような、行政官として派遣されているんです。だから、「派兵」ではなく「派遣」という言葉を絶対に使います。

さらに、「戦闘行為」というのは、主権国家間の武力衝突を言います。強力なヤクザやマフィアがかなりの装備で国家と衝突したとしても、それは定義上「戦闘行為」には当たらない。「大規模な治安破壊があった」というだけです。そして、それを鎮圧する活動は軍事活動ではなく、あくまで治安活動、つまり、行政の一種です。

仮に「戦闘行為」が起こっていれば、日本の自衛隊が外国の軍隊に対して武力行使する可能性があったということです。それは、先ほど言ったように、憲法九条に違反して許されません。だから、稲田防衛大臣は、「戦闘行為ではなかった」と言い続けていたのです。

新城　要するに相手が国じゃなかったという。

木村　その通りです。「武力衝突の相手は国ではなかった」ということを法律用語で言っているだけなんですけど、一般の人には理解されなかったんですね。

新城　それは、ロジックどうのではなく、ボキャブラリーの問題ということなんですかね。「戦闘行為」という言葉が何と対応しているのかという知識の問題。

木村　私は、そう理解しています。

法律用語は、概念定義がとても大事で、それは一般の人が普段使っている言葉の語感とずれることもある。一般の方には、「国家じゃないから戦闘行為ではありません」というのは受け入れがたかったということなんでしょうね。「戦闘行為」だと一般用語との混乱が生じるのであれば、「主権国家間武力行使」みたいな用語を使うようにすべきなのかもしれません。

人々の思い入れがある言葉は要注意

新城　数年前にも、自衛隊のことを「暴力装置」と表現したら国会で大揉めに揉めたというのがあったと思うんですけども、私なんかからすると、あれって単に懐かしい表現なんですよね。「70年代は、みんなこういうふうに言ってたよな」みたいな。それを忘れているのか、それとも知らない振りをしているのかなんなのか、あれは非常におもしろい事件だったなと思えるんですよ。ボキャブラリー自体がもうズレちゃってる。

木村　思い込みというか、気持ちが強く入ってしまっている言葉だと、そういうことが起きるんでしょうね。「赤信号は止まってください」と言われても、「赤信号」という言葉で感情が揺さぶられる人はそうそういないけれど、「自衛隊」とか「戦闘行為」っていう言葉に思い入れがある人は多い。

新城　法律の側の人間としては、そのことについてどういう感覚なんですか？　「ちゃんと勉強してよ」なのか、「すみませんでした。言葉が足りませんでした」なのか。

木村　ちょうどその中間ぐらいですかね。物理学の世界で言われるような、「超優秀な専門家の3人ぐらいしか理解できない」みたいな状況では、理論としていかに優れていても、法律としては使い物にならないでしょう。かといって、勉強しようともしない人でも理解できるような用語にすることは不可能です。

結局、「通常の判断能力を持つ人が、誠実に説明を聞いたとして、十分に納得できるか」を基準にせざるを得ないと思います。

新城　まあ、そうですよね。言葉というのは変化するものなので、十数年に一遍ぐらいは多少の齟齬もしょうがないかなとは思うんです。ただ、最近それが増えているような気がして。

私個人としては、「ちゃんと勉強しなきゃな」とは思う。ただ、世間的な基準では途轍もなく暇な人間のはずの私自身ですら、これだけ検索しても、まだわからないことがある。ということは、普通の人たち、毎日、お勤めに行ったり、家事や育児をなさったりしている方たちにとっては、とてもじゃないけど勉強は追いつかないでしょう。

木村　そういうこともあって、昔の人は開き直って、ラテン語を使っていたわけですよね。議論が混乱しないように、ラテン語の議論についてこられる人にしか、法を語らせない。

新城　いまでもアメリカやヨーロッパの政治家は、会話の中で普通にラテン語の成句やことわざを入れてくる。彼ら自身はそれらの意味をわかっているんだけども、それをCNNとかで見てる人たちはポカーンみたいな感じがあって、おもしろいんですけどね。

木村　確かにそういう面はありますよね。「完璧な法体系」というのは、「すべての人が法律に則ってやるべきことが全部定まっていて、その通りに動かせば、社会が最もハッピーな状態になる」という状況ですよね。それを実現するには、人間は不完全すぎる、あるいは、人間は自由すぎる気がしますね。

新城　ゲームデザインと一緒かもしれないですね。マスターが事前にすべてコントロールしてしまうようなゲームは、プレイヤーの自由がなくて、つまらなくなってしまう。

法律で社会をそのまま表せるの？

新城　ところで、ちょっと気になったのですが、法あるいは法体系というのは、規範的なものなのか記述的なものなのか、どっちなんでしょう。

普通に考えたら、「こういうふうにしなさい。そうでなければ、こういう罰があるよ」という規範的なものなんだろうとは思うんです。ただ、「現実社会をそのまま記述した法体系って可能なのかな」といつも思うんです。「殺人の発生率は今回このぐらい、今後はこうこうこうなるという予測があります。おしまい」みたいな。

木村　確かに「法体系の記述の仕方には二つある」という議論はあります。法体系自体は規範的なもので、「こうなったら、こうあるべし」と定めているわけですが、もちろん、記述的に描くこともできます。たとえば、「日本の法律は殺人を禁じている。しかし、実際のところは殺人認知件数の内、捕まるのがだいたい98％である。よって、日本の法律は2％の殺人は見逃すという法律だ」とか「この赤信号は無視する人が多くて、6割ぐらいの人しかこの前で止まらない。よって、この赤信号は、6割ぐらいの確率で止まれという信号だ」っていう記述もできる。

H.L.A.ハートという法哲学者は、このような記述を、「外的視点からの法の記述」と呼んでいます。

新城　なるほど。ただ、記述式の法体系をつくって、それに基づいて社会を運営しようとすると、「俺は赤信号を違反していい4割だ」って言い張る人が9割9分ぐらいになりますよね、きっと。

木村　そうですね。だから、外的視点からの法の記述だけでは、法の記述としては不十分でしょう。ハートは、「実際に信号を渡る人は何％か」という記述とは別に、「『赤信号は止まるべき』という規範を意味するものと認識されている」という内的視点からの記述も必要だと言っていますね。

さらに、普通の法律家は、「この法は『〇〇すべし』という規範を示しているけれど、変えたほうがよいのではないか」とか「あまりに不当すぎる場合には、これを法と扱うべきではない」といった議論もしますね。

新城　なるほど。いやあすごい、ちゃんと考えている人がいたんだ。

憲法の遵守率は意外と高い

新城　ちなみに、最近は「憲法がないがしろにされている」と騒いでいる人も多いようですが、憲法は理想方針の宣言なのか、問題解決の技法を提示しているのか、どちらなんですかね。

木村　問題解決の技法の提示ですよ。

まったく個性の異なる個人が一緒に生きていこうとしたら、どうやっても軋轢が起こる。それを何とか解決していくには、一人ひとりの人権を尊重しましょう。国家がきちんと個人の人権を守るようにするには、権力を分立したりして、権力をしっかりコントロールしましょう。それらを実現するのに重要な要素が、憲法にはあれこれ書かれているのです。

憲法は国家運営にとって非常に重要なことだけが書かれているので、憲法違反はすごく目立つし、批判される。だから、しょっちゅう憲法が破られているという印象があるのかもしれません。ただ、憲法の遵守率は、記述的にいけば、かなり高いほうでしょうね。たとえば薬物関係の取り締まり法は、遵守率が非常に低い。何度逮捕されても、また再犯する人がいるくらいですから。

そういえば、法学部には「商法学者と憲法学者の会話伝説」があります。憲法学者が、「商法は実務的な法律だから、みんな言うことを聞いてくれるだろう。商法学者がうらやましいよ」と言ったところ、商法学者が、「国会は憲法に書かれた通り、毎年開催されているじゃないか。商法では株主総会を毎年開催しろって言っているのに、開催してない会社なんて日本にいくつあると思ってるんだ」と怒った、と。

憲法が規制する対象は国家ですから、無茶をやるにもさすがに限度があって、遵守率はかなり高いんです。これに比べて、会社は、日本中に何十万、何百万とある。すべての会社が商法の決めた通りに会計書類をつくって、総会をやって、株主に利益を配当しているかなんて、誰も監視できないですからね。

新城　ああ、なるほどね。私も毎年確定申告していますが、書類提出で並んでいると、列のあちこちからいろんなエピソードが聞こえてきて、「えっ？　世間ではこんなことが？」とドキドキすることはありますけれども（笑）。

ものすごいちっちゃい国では、バンバン憲法違反が行われていても誰も気にしないとかあるんですか？

木村　高野秀行さんの『謎の独立国家ソマリランド』を読んでいたら、外務大臣が憲法に違反して、議会承認も取らずに勝手にオーストラリアと契約して大揉めになったみたいなこと言っていましたけど。

高野さんは、政府の秩序が確立していない南部ソマリアから帰ってきたばかりだったので、「外務大臣の締結した契約は憲法違反だ」って騒いでいられるソマリランドは平和ボケか、と一瞬思っちゃったそうです。

新城　世界に目を向けると、法令の遵守率ってすごいことになっているんですね。最近、私がちょっと気にしているのはベネズエラです。チャベス大統領の後継者、ニコラス・マドゥロ大統領がムチャクチャをやっているものだから、市場に物がなくて、隣のコロンビアに買い出しに行っているとか。

私にとってコロンビアって、最近は少し良くなったとは聞いているものの、「麻薬王国」のイメージが強いんですよね。そのコロンビアまで買い出しに行かねばならないなんて、ベネズエラはどこまですごいことになっているんだろうと気がかりになって調べ出して。「報道されているよりもっとましだよ」と言う人もいますけど、他方で「こんなえらいことになってる」という情報がネットで飛び交っている。かなり情報も混乱しています。

木村　国家が安定していなければ、遵守率とか言っていられないですからね。

憲法はどこからつくる？

新城　何はともあれ、「国家を安定させてから」ってことですね。

国内秩序がある程度落ち着いて、「そろそろ憲法をつくろう」というときには、どこから手を付けるんですか？

木村　まずは、その時代その時代の諸外国の憲法を見比べて、標準的な内容の憲法のイメージを共有するでしょうね。その上で、自分たちの国の特殊事情に合うようにアレンジしていく。

ただ、特殊事情を考慮すると言っても、あれもこれもと考えすぎると、いつまでたっても形にならないので、その社会で一番問題になっていることに焦点を当てて組み立てると、合意が得られやすいのではないかと思います。

新城　日本の場合、戦後の最大のトピックスと言えば、やっぱり天皇制ですか？

木村　そうでしょうね。「天皇が存在する国体が護持されるかどうか」が最大の問題だった。日本国憲法の構成は、「第一章　天皇」「第二章　戦争の放棄」の順番ですね。

新城　優先順位で並んでいるんですか？

木村　日本国憲法がこの順番になった直接の理由は、大日本帝国憲法をベースにしているからです。明治期に憲法をつくる際に、天皇を中心とした国家づくりをした。だから、戦後の体制を考える際にも、天皇の位置づけが最大の焦点となったという面はあるかと思います。

ちなみに、ドイツのボン基本法の場合には、ナチスへの反省から「人間の尊厳」が第一条になっています。ドイツにとって、これが国家の基本なのでしょう。

日本国憲法の場合、第一条で「天皇は象徴である」と示すことで、逆に、「主権者は国民であって、天皇は象徴にすぎない」ことを国家の基本とすることを示したのだ、と説明されています。

新城　「戦争放棄」を「天皇」の前に置くという手もあったと思うのですが、なぜそうしなかったのでしょう。

木村　「戦争放棄」を第二章に置いたのは、ある意味では大日本帝国憲法の踏襲です。

　大日本帝国憲法では、「第一章　天皇」として、第一条で天皇による統治を確認し、第二条で皇位継承について定め、第三条や第四条で、神聖不可侵とか統治権の総覧者といった天皇の地位について記述しています。日本国憲法の「第一章　天皇」は、こうした天皇の地位を否定する内容になっています。

　さらに、大日本帝国憲法では、天皇の地位の規定に続き、天皇の権限の規定があり、その中の第十一条・十二条に、軍の統帥権と編成権が書かれていた。これを消去することと、その理由を示した規定が、日本国憲法の第九条です。「第一章　天皇」の中に、「天皇の持っていた軍事に関する権限は消去します」と書く形でも、理論的には良かったかもしれませんが、特に重要だったので、「第二章　戦争の放棄」という独立の章にしたということでしょう。

　こう見ると、「天皇の地位→その権限」という大日本帝国憲法の流れを、日本国憲法の第一章、第二章が引き継いでいるのがわかります。

日本国憲法では内閣の記述が増量

新城　大日本帝国憲法の第二章は何なんですか？

木村　大日本帝国憲法の第二章は「臣民権利義務」です。日本国憲法では、第三章として「国民の権利及び義務」が置かれています。

新城　第二章として「戦争の放棄」が追加された以外は、大日本帝国憲法の目次を踏襲しているということですか？

木村　順番は、ほぼそのまま天皇、国民の権利、国会、内閣、裁判所、会計となっていますね。その後に、「第八章　地方自治」が新たに加わったのが特徴ではあります。

新城　改めて見てみると、大日本帝国憲法って意外に短いんですね。七六条しかない。

木村　そうですね。日本国憲法は、一〇三条までありますし、各条文の文字数もだいぶ増えたので、文字数カウントだと2倍近くでしょうか。

一番増えたのは、内閣関連の規定です。大日本帝国憲法では、「第四章　国務大臣及枢密顧問」で二つの条文しかなかった。内閣制度は、憲法より下の規範に委ねられていたんです。天皇の大権がなくなったことで、行政をつかさどる機関についても憲法に書かなければならなくなり、議院内閣制に関する条文が増えたわけです。

新城　人権のほうはどうですか？

木村　内容は詳しくなっているし、運用上も人権保障が手厚くなっていますが、構成そのものは、割と似ています。治安維持法で不当な逮捕や拷問など、ひどいことをたくさんやったので、刑事手続きの適性を確保するための条文がどっと増えました。

新城　改めて見ると、帝国議会は割と細かく書いてあるんですね。

木村　大日本帝国憲法自体が、帝国議会設置法のような位置づけですから。

新城　あのとき最大の問題点はまさにそこだったわけですよね。

木村　いまある課題を解決するのが法律ですので、その都度解決していくしかないんです。法律に理想を高らかに書き込んでも、社会は動かないですから。

火星で憲法をつくるなら

新城　SF作家としては、まったく新たな国家をつくるとしたら、たとえば火星に国家をつくるとしたら、どんな憲法をつくるべきか、みたいなことも気になるんですよね。

木村　おもしろいですね。でも、なかなかとっかかりが難しいなぁ、というのが率直な感想です。

憲法に限らず法律って、「過去の失敗を繰り返さないために、事前にマニュアルを用意しておこう」ってことなんです。刑法は他人に対する危害の類型集だし、民法は、私人間のトラブル集とその解決指針です。

だから、どんな人たちがどんなことに困るのかが提示されないと、どんな憲法がふさわしいとは言えない。憲法をゼロからつくるということは、基本的には考えられないんです。

新城　なるほど。それまであった社会のあれやこれやを直す、良くするというのが憲法。

木村　まさに、そういう発想でできあがるんです。だから、憲法のすべての条文について、「昔こういう失敗があった」っていう話をできる。

「火星の憲法をつくる」っていった場合にも、日本ではこういう失敗があって、アメリカではこういう失敗があってというのを蓄積して、火星で起きそうな問題に照らし合わせながら、組み立てていくんでしょうね。新興国で憲法を制定しようというときには、だいたいそういうことをやります。

新城　それはイギリスのような、ガーンと決まった“Constitution”（憲法）がない国でも、そうなんですか？

木村　確かにイギリスには、日本のような憲法典はありません。でも、それは「紙に書いた法典がない」というだけで、古くから続く慣習法という形で、規範としての憲法は存在しています。

ジョン王がふざけたことを言うのでマグナ・カルタをつくり、名誉革命のときに権利章典をつくった。それから徐々に、国王・議会・内閣の関係を議院内閣制の形に洗練していった。そういう歴史の積み重ねで、イギリスの憲法が慣習法としてできてきました。もちろんそれは、「現在から見ればマグナ・カルタに立憲主義の思想の起源を見ることができる」ということであって、当時の人が「立憲主義をしよう」と思ってやっていたわけではありませんが。

新城　となると、火星なりどこなりで「日本国憲法をひょいと移植する」ということではなくて、いま存在している秩序に問題があるので、ちょっと手を入れるみたいなことになるんですかね。

木村　憲法の性質上、そうならざるを得ないと思います。

新城　他の国から憲法を丸ごと移植したという例はない、ということですか？

木村　明治時代には、そういうことをやろうとするんですけど、やっぱり無理だった。

イギリス、フランス、ドイツ（プロイセン）等の制度を比較して、「天皇を中心とした国家づくりにはプロイセンの制度が一番理想的だ」ということでこれをベースにした。でも、プロイセンの制度をそのまま持って来たわけではありません。たとえば、プロイセンの議会は割と平等主義的ですから、特権身分のある日本には合わない。そこで、明治政府は、貴族院というのを独自につくり出しました。

あるいは、日本の天皇と西欧の君主は、かなり性質が異なります。だから、大日本帝国憲法では、君主の概念を導入して天皇に当てはめたものの、それが日本の天皇制の歴史をうまく表現できていたわけではありません。

そういうわけで、他の国から憲法をそのまま移すのは、全体としては難しい。ただ、人間が人間らしく生きるために必要な権利は、どんな国でもそう変わりませんから、人権の条文などは引き写しやすい。各国の憲法を見比べれば、この条文はフランス憲法の第何条を参照したんだなとか言えるものも多いです。

新城　たとえば、仮にアメリカ人が1万人、火星に移住したとしても、アメリカ憲法を丸写しは、しないということですよね。

木村　しないんじゃないですかね。アメリカ憲法の特徴と言えば連邦制ですが、1万人でそれぞれの自治を認めるような州をつくるのは難しいでしょう。

新城　最初に火星に植民しそうなのはアメリカ人かなぁと私は思っているんですけども、アメリカ人は、アメリカ憲法をそのまま使いそうにはないと。

日本国憲法は火星でも使える？

新城　ちなみに、日本人が1万人だか100万人だかの規模で火星に移住したら、そのまま日本国憲法を使い続けるような気がちょっとしてきてしまいました。火星と地球の〝時差〟って光速で片道4分ぐらいしかないし、そのくらいならスルーして天皇制も現状維持で行きそうな気が。

木村　そうですね。火星なら対外戦争のことを考えなくていいので、独特な条文にもなりそうですね。

新城　じゃあ、逆に、もしいまの日本国で対外戦争の危機がすうっと消えちゃったとしたら、どうなっちゃうんですかね。

木村　九条自体が意味のわからない条文になるでしょうね。戦争の可能性がないので、「戦争や戦力を放棄します」と言われても、何が言いたいのかわからない。「人間は空を飛ぶな」って書いたのと同じような、意味のわからなさです。

新城　そういう条項は、憲法典や慣習法として、ずうっと残しておくもんなんですか？

木村　案外、残っています。合衆国憲法を読むと、鉄道もない時代につくった憲法なので、いまのテクノロジーから見ると奇妙に思える条文が残っていますよ。

新城　そうか。選挙を火曜日にやるとかいうのが、それの名残だみたいな話はちらっと聞いたことあります。「日曜日は教会に行くから投票できない」という時代の名残だという話。

木村　大統領選挙を直接選挙ではなく、わざわざ選挙人を選ぶ間接選挙にするのも、大統領候補がどんな人か情報が行き渡らない時代の名残ですよね。地域の代表者だけがワシントンに集まって、大統領候補をしっかり見てから選ぶ。

他にも、「平時においては、所有者の承諾を得なければ、何人の家屋にも兵士を舎営させてはならない」という条文が現役で残っていますが、現代では勝手に家に兵士が入ってくるってちょっと想像できないでしょ。

新城　内戦でも起きない限り、あんまり使わない。でもまさにそういう時代につくった条項ということなんですよね。

木村　イギリスでは、いまでもマグナ・カルタの一部の条項は、現役の法律として使われていて、いわゆる適正手続保障の根拠となっています。18世紀につくられた魔女法が廃止されたのも、20世紀に入ってからです。

新城　意外にそういうのは残るわけですね。生物の遺伝子でも、何のためにあるのかわからないのが残っていますからね。

憲法改正は怨霊の仕業⁉

新城　そういえば九条の一、二は変えずに、三を付けるみたいな話が安倍首相の口から出て盛り上がったりもしていましたけど、どういう条項を付け加えるのか、その後、具体的に判明したんでしょうか。

木村　いやいや、全然判明してない。

新城　ですよね。私も結構ニュースを気にして見ていたつもりだったんですけども。

木村　あんまり考えずに、「とりあえず言ってみた」っていう可能性が高いんじゃないかと。

新城　(笑)やっぱりそうなんですね。何でそういうことを言っちゃうんでしょう。

木村　あれこれ検討したけれど、どの条文も実際に改憲するとなると問題が多すぎて、案外、「自衛隊の明記が一番支持が集まりやすい」ってことなんだとは思います。

新城　でも言うだけ言って、やらないとまた哀しいし、やるにしても急がないと大変ですよね。

木村　所詮無理だとわかっていて、「党是《とうぜ》なので言った」というところがあるんですよね。

日本の憲法改正の議論に参加していると、巫女とか陰陽師になったような気分になるんです。第二次世界大戦の怨霊みたいなのがいて、いまの社会に不満を持つ人たちがその怨霊に取り憑かれてしまう。そして、本来の憲法と関係のないことをぐだぐだ言う感じなんですよ。「いま俺が不幸なのは、全部、日本国憲法のせいなんだ」みたいな勢いで。私は、その怨霊を取り払って、合理的な議論に導くのに必死です。

たとえば、「日本国憲法はＧＨＱの押し付けだから改正しろ」という人がいる。でも、つくったのが誰であれ、その憲法によって国家運営がうまくいっているなら、憲法を変える必要はないはずです。改憲したいなら、日本国憲法の下でどんな不都合があって、どう変えてほしいのかを示せばいい。でも、「押し付けが気に入らない」という怨霊の力が強くて、なかなか建設的な議論につながらない。

高等教育の無償化だって、別に憲法は禁止していませんから、改憲なんて面倒な手続きを経なくても、法律をつくって予算を組めば十分なんです。憲法論は必要ない。

結局、改憲自体が自己目的化しているから、いま起こっている気に入らないことを、すべて憲法のせいにしたがる。意味のない八つ当たりに見えます。

新城　でもそれをやってくる人たちからすると、憲法が何か巨大な倒すべきもの、変えるべきものに見えているわけですね。

木村　そうそう。「憲法を直せば、自分たちの怨念は晴れる」と思っている。でも、そもそも怨念なので、説得がかなり難しいんです。そこの部分を、私は『テレビが伝えない憲法の話』の中で、『雨月物語』「白峯」の崇徳天皇になぞらえたんです。「西行の言っていることは道理かもしれないけれど、私の気持ちはどうしたらいいのだ」と訴える崇徳天皇です。

新城　説得は無理だとして、憲法以外のほうに関心を誘導するとかはできないですか？

木村　その試みもなかったわけではないですが、成功してないですよね。

新城　それはいつごろどんな試みがあって、なにゆえうまくいかなかったんでしょう。

木村　戦後の自民党の主流派がやってきたことは、「憲法よりも経済だろう」という方針ですね。

新城　なるほど。ということは、それは、一時期までは、ある程度成功していたということですよね。

木村　そういうことですね。いまでも、それなりに機能しているとは思います。安倍首相が

「2020年のオリンピックまでに自衛隊明記を」とか言い出したときに、「憲法よりも経済だろう」という主張は結構ありましたから。それに、世論調査で「あなたが優先してほしい政策課題は何ですか?」って聞くと、「憲法」と答えるのはたった5%ぐらい。ほとんどの人は、年金・社会保障・経済政策と答えます。

新城　それでも首相はああいうことを言っちゃうわけですよね。

木村　それだけ、首相の中の怨念が根深いんでしょうね。

新城　私には「優先課題は経済だろう」ぐらいしか言えないですけどね。ほんとにちょっと景気を何とか良くしてほしい。

Ⅵ　法律にできること

夫婦同姓で家族に一体感は出ない

木村　改憲を主張する人のほとんどは、改憲そのものが目的になってしまっていて、「いま、こんな問題に困っているから、こんな法律をつくって解決しよう」という本来の憲法の役割とは関係のないことで、いちゃもんをつけているという話をしました。

本来の法律の役割でないことを法律で何とかしようという動きは、他にもあります。私が気になっているのは、「『親子断絶防止法』を理念法として制定して、面会交流を促しましょう」という動きです。

確かに、夫婦が離婚しても、子どもの親であることに変わりないですから、できることなら良好な親子関係を続けられるほうがいい。でも、法律で「親子の交流を続けなさい」って言われても、いまのままでは無理なんですよ。みんないろいろな事情があって、心理的・経済的な負担が重いことはわかった上で、それでもどうしようもなくて離婚しているんですから。
　子どもの連れ去りのリスクや、子どもに危害が加えられるリスクがない面会場を誰でも利用できるようにして、面会交流で生じたストレスをケアできるような体制も整える。そういう支援制度を充実させなければ、どんなに立派な理念を掲げたところで、親のストレスを増やすだけです。子どもにとっても負担でしょう。

新城　自民党の改憲草案にも「家族は、互いに助け合わなければならない」っていう条項があるんですよね。仮にそれを書いたとして、「おまえらの家族が不仲なのは憲法違反だ」って訴えられて、裁判で有罪になったとしても、家族は仲良くならないわけですよね。

木村　そうですよね。人の好き嫌いは、法律ができたからといってどうにもならない。
　法的には、憲法に「助け合いの義務」を書き込むと、国家が社会保障給付を切り下げる口実になってしまうのも問題です。生活に困っている人が生活保護を受けようとしても、兄弟がいるとわかったら、たとえどんなに仲の悪い兄弟でも、「兄弟がいるんだから、そっちに頼りなさい。国家は面倒を見ません」ということになりかねない。

新城　そういえば、夫婦別姓に反対する人も、「夫婦同氏にすると家族の一体感が高まる」

とか言いますよね。

木村　本当に、変な理屈ですよね。別姓を望んでいる人たちは、事実婚のままにするだけなので、何の意味もない。

新城　そうそう、私の知り合いにも何人かいます。

木村　むしろ、いまのまま別姓を認めないでいると、別姓希望者が「事実婚」という法的保護の薄い状態に置かれてしまう。かえって、家族の一体感を阻害しているんですよね。

新城　なんで、「法律に書けばそうなる」と思いたがっているのか、ほんとに不思議です。

法に道徳は書けない

木村　道徳と法を区別してないいんじゃないですかね。法律って、所詮、外形的行為しかコントロールできないんです。

新城　まさに近代的な発想ですね。もっとも、道徳にしたって「何々すべし」って書いてベーンと貼っといても、子どもたちは違反するわけで。

木村　道徳には、「人によって内容が異なる」っていう最大の弱点がある。だから、先生が道徳を押し付けたところで、子どもたちがそれを「自分の道徳」として行動規範にするとは限らない。
ただ、先生に「仲良くしなさい」って言われたら、「仲良くできない自分どうしよう。悪い子なんじゃないか」って傷ついてしまう。そういう意味では、道徳や理念の押し付けは、ハラスメントになるだけですよね。

新城　「仲良くしなさい」と言われて、できるもんだったらやってるはずですし。「仲良くしてないねえ、どうしたの？」って話しかけるのが、ぎりぎり許される働きかけなんじゃないかと私は思うんです。それを法律や道徳に書きたがる情熱というのはいったい何なんでしょうね。

木村　法律が強力なものに見えるんでしょうね。

新城　ああ、なるほど、なるほど。

木村　本来であれば、法律には運用できるものしか書けないんです。だから、ちゃんとした法律家が議論してつくられた法には、「家族は仲良くしなさい」「友達と仲良くしなさい」「親なら子どものためにPTAに入りなさい」なんてことは書いていない。
でも、現実の学校現場では、PTAは半ば強制されているし、気の合わない友達とでも「一緒に遊べ」と叱られる。「一人で遊んでいたい」って態度は、許されない。

新城　叱るんですか、最近の先生は。

木村　娘の学校では、休み時間に「全員で遊ぶ日」とか設定されていたりするんですよ。「一人で本を読んでいたい」なんて言ったら、「けしからん」ですよ。

新城　ええー！

木村　うちの子は、いまはだいぶ良くなりましたけど、アトピーがひどかったんで、夏に外で遊んだら、日差しやら汗やらで肌がボロボロになるんです。外で遊ぶか、教室で本を読むかなんて、子どもの好きにさせるもんだと思っていたのに、どうも学校ではそれが通らないようなので、「アトピーなので外に出さないでください」ってわざわざ連絡帳に書きました。

新城　そんなことになってるんだ……。

木村　先生はそれで納得してくれても、友達から「ずるいー」って言われて、辛そうでしたけどね。

完璧主義は単なる押し付け

新城　となると、木村さんの言う「法律には運用できるものしか書けない」というのは、「書くべきではない」っていう規範的な主張なんですね。

でも、おかしな内容でも、自分の考える道徳を法律として定めて、何が何でも他人に強制しようとする人はいると。

木村　そうですね。「法を道徳的に使おうとする人にろくな人がいない」っていうのは、経験則ですよね。

もし、親子断絶防止法が制定されたら、「法律に書いてあるんだから、とにかく子どもに会わせろ。会わせないのはひどい親だ」と、元夫や元妻を責め立てるDV加害者は確実に出てくるでしょう。それに流される家裁関係者なども少なからずいるでしょう。

「それぞれの保護者の意思を尊重して、PTAの強制はやめましょう」って言っても、「監護権者の意思を尊重しましょう」って言っても、「俺はこれをみんなにもやらせたいんだ。俺の意見を聞かないのか」ってクレームが、ブログやツイッターに殺到するんですよ。

新城　その感覚はどこから来るんですかね。

木村　みんながそれぞれに「完璧な法体系」を目指しているとして、「何が完璧か」の価値基準が異なるんでしょうね。たとえば、いわゆる功利主義のプログラムを採用する人は、全体の効用が上がるなら個人の自由をすり潰すことをいとわない。国家主義のプログラムを採用する人は、国家のためにすべての人を動員しようとする。

新城　それは、すり合わせ可能なんですか？

木村　合わせなきゃいけないと思うんですけど。

新城　すり合わせようとしたら、法律は「誰もが納得できるようなミニマムの義務」しか要求できない。結局、いま程度のことしか法律には記述できないと。

木村　まあ、「自由主義で、個人を大事にする法」にした社会が、これまでのところ一番うまくいった、世界各国の中で繁栄した、ということなんでしょうね。ただ、それが気に入らなくて、国家主義にしたい人がずうっといるので、精神的な戦いは今後も続くでしょうけれど。

新城　それはもうちょっとしたら収まるものなのか、それとも今後数千年続くのか。

木村　それってどう思いますか。たとえば、現在の日本国憲法についても、施行から70年たったいまでも、「押しつけ憲法だから日本国憲法に正統性はない」と言う人がいる。夫婦の平等を定めた家族法に不満を持つ人だっている。そうした法体系を巡るどろどろした争いは、基本的には第二次世界大戦の怨念の闘いだとは思うのですが。

新城　近代的な法システムができて、まだ200年か250年ぐらいですから、「人間の体がシステムに慣れてないのかなぁ」という感は、ちょっとあるんですね。近代法の起源はローマ法にあるという話がありましたが、人類が「法の内面化」を達成するまでに、数千年単位でかかっているわけですよね。そこからさらに、「近代法」を自らの血肉とするまでに、果たして人間社会はあと何世代ぐらいかかるのかなぁと、想像したりするんですけど。

テクノロジーなんかは2世代、3世代あれば慣れちゃってる感じがします。たとえば、ネットですぐつながるとか、いつでもスイッチ入れれば電気が点くみたいなことは、みんなそれを前提に暮らしています。私が子どものころにはネットなんてなかったし、電気だって100年前にはまだまだ一般的とまでは言えなかったですから。

それに対して、法律的な考え方というのは、結構時間かかるような気がするんですね。

技術も概念も継承されて存在する

木村　近代法の重要な特徴として、「感情はできるだけ公共の領域では出さないようにしましょう」というのがあります。しかし、「人を攻撃したい」「差別をしたい」っていう感情をコントロールするのは、なかなか難しい。

新城　特に貧しくなってしまったときには、そうなりますよね。もちろん、豊かになった社会にだって、それなりの妬みとか、ややこしい問題はあるのでしょうけれど。

木村　でもまあ、人間はそう簡単には賢くならないけれど、人権思想は１００年前よりは大分ましになっている。揺り戻しはあっても、人権を充実させる方向に進むだろうとは思います。

新城　人権思想のさらに先があり得るか、という話ですか？

木村　先ほども話題にしましたが、新城さんの『島津戦記』では、「エンサイクロペディア・オブ・グレート・ユーラシアン・エイジ・オブ・ウォー」からの引用として、「けっして直線的に発展するものではなく、いったん失われたのちに再び取り戻されることもまた稀ではない」と書かれています。

新城　いやいや（笑）。そうあってほしいなと私自身は思っておるんですけども。ただ、時間がかかることはかかるんでしょうね。

木村　たとえば、『島津戦記』では失われたものの例として、「ギリシャの火」の話が出てきます。水の上でも燃え続けたと言われ、海軍戦で圧倒的な威力を発揮した「ギリシャの火」は、7世紀頃に確立して、11世紀頃までは実際に使われていた。しかしその技術は完全に失われたそうです。なぜなのでしょうか。

新城　「ギリシャの火」に関しては、企業秘密みたいに技術を独占していたら、その技術を持っていた一族が丸ごと攻略戦で死んだ。そんな可能性を私考えているんです。

木村　なるほど。では、古代世界の天体位置を計算する機械ではないかと言われている「アンティキティラ島の機械」はどうですか？

新城　これは、1901年にギリシャ沖の沈没船から見つかった謎の歯車式機械なんですが、これが何の機械なのか、どんな理論に基づいてつくられているのか、といった研究がずっと続けられています。最近では、高分解能X線断層撮影という技術を使って分析を進めていて、解読可能な文字が増えて、機械に刻まれたマニュアルの読解も進んでいるようです。

文字に残されない、あるいは、書かれたけども失われてしまったような事実や技術が、実は意外にあるんじゃないかと思いますね。「テクノロジーを公開して、お互いに情報交換しようぜ」ってなったのは、ほんの400年ぐらい前の話ですから。それ以前は、著作権とかも商標とかも全然なかった時代で、技術を守るためにはギルドをつくるか全部秘密にして一子相伝にするかしかなかった。逆に言うと、失われやすいんですよね。

木村　それは法概念にもあるかもしれないですね。人権思想だって、法律家集団が一生懸命ギルドとして守っているものなので、法律家集団を攻撃すれば、人権を一時的に社会から後退させることはできる。

新城　焚書坑儒《ふんしょこうじゅ》とか。

木村　そうそう、そういうことですよ。だって、いまの言論空間って、法律家が「それは法体系に照らしておかしい」と指摘すると、「現実を見ろ」「政治に邪魔だ」っていう攻撃がわあーっと、出てきますから。

新城　日本では、法律の専門家を政治の現場から排除しようという動きなわけですか？

木村　安保法制や共謀罪の議論を見ていると、それを感じます。以前は、内閣提出法案を出すときには、各専門分野の代表的な研究者を集めて、実務家と共に丁寧な議論をしていた。だから、「閣法」（「議員立法」との対比で、内閣提出法案のこと）に違憲判決が出たとなったら、業界ではかなりざわざわしていたわけです。

でも最近では、「現場の声」を盾に、優れた専門家を議論から排除してしまうこともある。

「法律家を取り込む」文化

新城　私がこの半年ぐらいウォッチしているアメリカでは、「まずトップを取っちゃって、そこからバァーっと下に広げていこうぜ」みたいな戦略を感じるんですが。

木村　まさに、最高裁判事の人事がそうですよね。アメリカでは、法律家集団の間にも右派と左派があって、トップを争っているという面はある。だからこそ、前にも話しましたが、最高裁人事が、共和党員のトランプ離れを食い止めたのではないか、というのが私の理解ですが。

新城　トランプ氏やペンス氏が仮に弾劾されたとしても、もう最高裁判事の人事が通っちゃったので、その影響は今後長く残る。つまり、共和党対民主党の指名割合が5対4という状況はしばらく続くわけです。しかも、弾劾裁判に時間がかかっているうちに、もう一人、二人、リベラル派が亡くなってしまったら、それが逆転するまでに、今後半世紀ぐらいかかってもおかしくない。

木村　そうですね。

新城　アメリカでは、「法律家を取り込む」もしくは「法律家の中で左右対立が激しすぎて戦いになっている」というイメージがあります。

アメリカ人は何かというと「最後は裁判所だ」って言う。アメリカ映画の名作のうち6割ぐらいは法廷シーンで終わるというのが私の勝手な印象なんですけど。『JFK』もラストはかっこいい演説で決めていましたし。アメリカは文化として、ある意味、本当に法律を信じているんだなぁと感じます。日本とは、ちょっと違う何かなのかもしれないですけど。

木村　確かにそうですね。

日本で最高裁の席を取り合わないのは、逆に言えば、政権の側が最高裁に脅威を感じないということ。それなりの経歴のある法律家を適当に任命した場合に、政権にとって不利な判決が出る可能性は非常に低いと考えているんです。

おそらく、法律家のほうでも「自分は政治的ではない」と思っている。つまり、「政治的な論点には関与しない」という自己規制が強いんです。

違憲立法は戦後生まれ

新城　それはなぜなんですか？

木村　いろんな説明が可能だと思いますが、日本の裁判所の権限は非常に大きいので、政治介入されたときの司法へのダメージが大きいからではないか、と私は考えます。

たとえばドイツの裁判所は権限が分立されていて、普通の民事事件や刑事事件を扱う裁判所のほかに、憲法裁判所、労働裁判所、社会保障裁判所と分野ごとに独立している。アメリカの裁判所は州裁判所と連邦裁判所に分かれているので、連邦裁判所が介入できることには限界がある。

これに対して、日本の裁判所は、下級審で行政部、知財部、交通部などと得意分野を分けて審理にあたったりもしていますが、それはあくまでも裁判所内部の分担の話にすぎません。憲法判断であろうと、労働事件であろうと、都道府県の条例であろうと、最高裁判所を頂点としたピラミッド型の組織が一手に引き受ける。これは、日本国憲法が特別裁判所の設置を否定した結果でもあります。

新城　それは、近代になってずっとそうなんですか？　それとも戦後になってからですか？

木村　明治期はそもそも違憲立法審査がありませんでしたし、裁判官人事をはじめ、司法行政の権限を司法省が握っていて、裁判所は司法省の下部組織のような形で運営されていました。司法大臣も、裁判官出身より、アグレッシブな検察官出身の人が多かったらしい。巨大な政治的影響力を持つには、ちょっと弱かったのかなっていう気がします。

戦後はすべての法体系を一手に引き受けて、違憲立法審査権まで持つというスーパー裁判所に生まれ変わりました。

新城　却ってそのせいでその権力を使わなくなったと。

木村　謙抑的になってしまうのも、やむを得ない面はあると思います。たとえば憲法事件で政府の意向と真っ向から対立するような判決を書いたとしたら、政府は自分たちに都合のいい裁判官を送り込もうとするでしょう。そうなると、政治とは関係ない普通の裁判が麻痺しますよね。

たとえば、「国民の意識に応える裁判所改革」といった名目で、政権に親和的な作家やジャーナリストを最高裁に入れたとしましょう。政治的な争点については、政府にとって都合のいい判決を彼らが書いてくれるかもしれません。でも、純粋に法技術で処理すべき圧倒的多数の普通の事件については、ほぼ確実に滞るでしょう。

これは、政権としても裁判所としても非常に困る。この「超抱き合わせ販売状態」は、憲法事件に限らず、労働事件でも知財事件でも同じことです。だから、「どこかで極端に踏み込むことで政治介入を招き、全体のバランスを崩してはいけない」という緊張感の中で、裁判所も政府もお互いに自己規制を働かせる。日本は、そういう司法システムな気がします。

新城 それは意図してそういう設計にしたんですか？

木村 してないと思います。暗黙の雰囲気として、日本の法律家集団がみんなで抱いている規範なのではないでしょうか。法学部の学生のころから、「政治とは距離を置こう」という空気が何となくある。これは、法学部に限らないことかもしれませんが。

新城 政治的になるのって文学部ぐらいですかね。私の通っていた文学部には、政治的なものの名残があった気はします。

木村　あったんですか？

新城　私は特に歴史学科なもんで。いまは、もう違うのかなぁ。

木村　「アカデミズムは非政治的であることが正しい」という空気は、日本独特なんですか？

新城　私も外国の大学の事情はあんまり知らないですけれども、国によって社会のデザインも違うので、当然アカデミズムと政治の人事交流みたいなことも全然違う。アメリカでは、産官学がぐるぐる、ぐるぐるみたいな話は結構あります。たとえば民主党が政権をとったら、共和党は野に下って、ビジネスもしくは学会に行って、「4年後は取り返すぞ」と頑張る。

木村　日本のビジネスと政治の関係ってどうなんでしょうね。

新城　経団連は自民党と近いし、地方のビジネスは公的補助金なしには成り立たないところも多いので、政治家との密着度は強いですよね。

木村　個々のビジネスマンに政治主張があるようには思えないんです。ただ、ビジネスを拡大していこうとすれば、政府の規制が邪魔になることがあるので、付き合わざるを得なくなるという話を聞きました。ネットで医薬品を買えるようにするために、規制緩和を求めるとか。

新城　日本の場合はそんなに頻繁に政権交代が起きないので、付き合い方もアメリカなどとはちょっと違っていると思うんです。

日本でもし二大政党制が成立して、ぼんぼん頻繁に政権交代が起こるんだったら、「こっちに政権をとってもらわなきゃダメだ」ってことで、献金をぼーんと積むようになるでしょう。でも、実際にはずうっと自民党政権が続いているので、「自民党の中の誰にどうやってもらうか」とか「どの官僚に接触しようか」みたいな、「デリケートな指圧」のような付き合い方になるんじゃないか、とちょっと想像しちゃいますね。

「ニュースパロディ」とは

木村　お話を伺っていると、「法律家集団のありようは、司法システムじゃなくて、政治システムの影響が強い」ということになる気がしてきました。「政治システムと専門家の関係」の一類型であると。

国家をきちんと運営しようと思ったら、技術者としての専門家の意見に従わざるを得ない。しかし、一般人や、その代表である国会・政治家が専門家の判断を理解するには限界がある。そして、一般人としては、自分の理解できない専門家の意見に従うのは、尊厳を傷つけられる。原発や憲法といった重要な論点について関われないのは、フラストレーションがたまる。そこで政治の出番になるわけですが、政治家が一般市民の感情だけを重視すれば、悪い結果が生じるのは明らかですから、そこに歯止めをかけるのが政治家の矜持なはずです。

もしも政治家がそうした歯止めをかけられないとしたら、専門家が直接に一般人に呼びかけるしかなくなるだろうと思いますが、それはやはり難しい。日本では、専門家の活動は声明を出すぐらいで、政治的にはほとんど影響力がないように感じます。アメリカでは、専門家の扱いはどうなんでしょうか。

新城　今回のトランプ騒ぎに関して言うと、人それぞれとしか言いようがない。ローレンス・レッシグやテスラモーターズのイーロン・マスクなど、政治的に発言した人もいましたが、そうでない人もいる。発言した人の中でも、割と影響力持ってそうな人もいれば、そうでもなかった人もいて、ほんと人によって違う。印象としてはそうなんですが。

木村　では、実際に大衆に影響を与えているのは何なんですか？

新城　いまのトランプ騒ぎに最も影響があったのは、フェイクニュースとコメディニュースじゃないでしょうか。

木村　コメディニュースってなんですか？

新城　正確には「ニュースパロディ」と言いますが、ブッシュ大統領の1990年代に、ジョン・スチュワートという有名なコメディアンが、ニュース番組のふりをしたコメディショーをやって大成功したんです。コメディアンが、ニュースキャスター風にびしっと決めて、実際のニュース映像にツッコミを入れたり、事実なのかどうかわからない「ニュース」を伝える。要するに、CNNとかフォックスニュースのパロディをやって、大うけしたんですね。いまは、ジョン・スチュワートの後継者的なスティーヴン・コルベアとか、セス・マイヤーズとか、いろんな人がやっています。

その流れの邪悪バージョンが、いわゆるブライトバート・ニュースとかのフェイクニュースなんじゃないかと私は思っています。つまり、フェイクニュースって、突発的に出てきたものではなくて、パロディの伝統の中にある。

パロディニュースをやっている人たちは、クリントンやオバマのこともおちょくったりしていましたが、基本的にはニューヨークかカリフォルニアに住んでいるリベラルな人たちです。そのフォーマットをある意味先祖返りさせて、CNNとかフォックスニュースのフォーマットそのままで、内容を全部ウソにしたのが、フェイクニュースと言われる人たち。

だから、ニュースパロディとフェイクニュースは双子のように表裏一体で、トランプ騒ぎのときには、その両派が全米の魂を半分ずつ支配しているように私は感じました。

「私の世界観を傷つける罪」

木村　フェイクニュースを信じる人がいるってことは、逆に言うと、「CNNはウソばっかり言っている」と思われているってことですよね。

新城　アメリカの半分はそう思っているということですよね。

木村　おそらく専門家もそうで、私がどれだけ淡々と法案の問題点を学問的に指摘しても、「左翼だ」とか「中国のためなんだ」とか言われるんです。昔は、シャレかなと思っていたんだけど、ここまで言うということは本気っぽい。

権力者のやりがちな失敗って、歴史を遡るとかなり類似する要素がありますから、専門家を無視したら、失敗するのが目に見えていると思うんですけどね。

新城　木村さんは、「専門家の意見を聞くべきなのは、天気予報といっしょで、それに従ったほうが便利だからだ」っていう発想ですよね。それは確かに、あるべき健全な発想だとは思う。でも、多くの人にとっては、その意見を聞くと役に立つかどうかっていうのとは別に、「私の世界観と合わないから聞きたくない」というのがすごくあると思うんですね、特に最近は。

ちょっと前に『15×24（イチゴー・ニイヨン）』という小説で、冗談半分で、「そのうち、『私の世界観を傷つける罪』が制定される」なんて書いたんですけども、それがだんだん現実のものとなりつつあって、私は怖くて怖くてしょうがない。

木村　ああ、なるほど。

新城　各自が世界観や信念のレベルで、情報というか事実を拒否し始める、あるいは拒否する振る舞いが正当なものとして感じられつつある。特にアメリカでは、その傾向が強いように思います。

木村　確かに、私自身、「世界観を傷つける罪」でよく断罪されます。「PTAは任意加入の団体なので、やりたい人だけで集まって、楽しくやってください」って言っているだけなのに、「親なら子どものために全員参加すべきだと思っていたのに、なんてひどいこと言うんだ」って言われるんです。

新城　そうそう、そういう感じ。

木村　あれですよね。

新城　まさに。

木村　それでいつも断罪されるんです（笑）。どうしたらいいんでしょうね。

新城　事実を重んじない、自分の感情、情動の世界観のほうを圧倒的に優先するというのがだんだん広まってきているとは思うんですけど、どうしたらいいかはよくわからないですよね。

木村　どうしよう（笑）。

うーん、ということは、「なぜ昔はそうじゃなかったか」を考えるべきなんでしょうね。「この数十年で感情のコントロール力が急速に劣化した」とは考えにくいですから、「専門家の発言で世界観を傷つけられない世界観だった」と考えるほうが自然だと思うんです。

昔は、多数派の人の世界観と専門家が言うこととが合致していた。でも、だんだん真っ当じゃない世界観を持つ人が増えてきた、いわばグノーシスがすごく広がっている。昔だったら「あの人は異端だから、話を聞くのやめようね」って言えば、みんなそんな人の話は聞かなかったのに、異端の人たちが最近すごく力を持っていて、全部反転されてるように私は見えるんです。

新城　「"orthodoxy"（正統性）が弱まっている」というのはまったくその通りですよね。よく言われるように、昭和の時代は高度成長で、みんながちゃんと就職して一家持って家買ってみたいなスタンダード、一億総中流っていうことを言っていた。いつのまにか、それがグシャグシャになっていたのだけれども、次のスタンダードがばっと来るんじゃなくて、いろんな異端がわわわーっと出てきて、異端同士の会話が成立しないみたいなイメージなんだと思うんですけどね。

それがあとどれくらい続くのか、それともこのまま暗黒時代にまた人類は突っ込んでいくのか、そこはちょっとわからない。私なんかが思う解決策は、「早く景気が良くなってくれないかな」ぐらいしかないんですけどね。「色の白いは七難隠す」じゃないですけど、「お金があるのは七難隠す」で。

過去が重くなっている

木村　なるほど。ところで、景気がいいってどういう状態なんでしょうか。

新城　近現代的には「経済成長が続いている状態」というふうになるのでしょう。ただ、地球環境の限界が来ていて、「もう経済成長は無理なんじゃね?」みたいな話も、もちろんあるんですけども。

経済成長でＧＤＰが増えてインフレが進むと、何が一番いいかというと、過去の借金が軽くなっていくんですよ。過去の借金100万円って、額面は永遠に100万円で変わらないじゃないですか？　でも経済成長が進んでインフレが進むと、100万円の重みがひゅーっと減っていく。つまり、借金しても気持ちが楽になるし、若者も楽になるし、余ったお金でなんか別のことをできる。逆に、デフレの何が悪いかというと、過去の重みが巨大になっていくので、いつまでも過去に囚われちゃうんですよ。

木村　なるほど、そういう「思想」として捉えられるんですね。確かにいま、過去がどんどん重くなっています。

新城　デフレだと、過去のしがらみとか、「昔、悪いことして借金つくっちゃった」っていうのが、いつまでも去らないどころか、重みが増えてくる。そうすると、未来に対して希望も何もないし、将来設計も組めないし、子どもも産めないし、結婚もできないし。そういう流れがいままさに世代を超えつつある。大学行くお金がない、高校行くお金がないみたいなところまで来始めているらしいので、それはちょっとヤバイなと思うんです。

少なくとも経済的なスタンダードからいくと、「過去に何があっても知らないよーん」みたいなこと言えるためには、多少のインフレが必要かなと、私は理解しているんです。ただ、年金生活者になると、むしろデフレのほうがありがたいんで、世代間闘争が激しくなりつつある感じがします。

木村　過去が重たいと、ゲームリセットしたくなりますよね。憲法もつくり直してね。

新城　そうそう。昔に戻りたく、昭和を取り戻したくなる。「精神的なデフレ」というふうに私は表現していますが。

木村　気持ちはわからなくもないけれど、無理ですよね。昭和が可能だったのは、周辺国とか世界中の工業水準があの水準だったからであって、日本だけが戻ったら大変なことになる。

新城　まさにそうなんですよ。高度経済成長期というのは、ほとんどビギナーズ・ラック的なものだったと捉えないといけない。巨大な人口ボーナスがあって、復興すべき国土が丸ごとあって、しかも朝鮮戦争特需もあって、アメリカが守ってくれてって、ラッキーが四つ、五つ重なった。そりゃ成功しますわ。

あれを「日本人の実力」だと勘違いしたら困ったことになる。ラッキーで大成功した人ほど、「自分の実力」って言いたがる傾向はありますけれど。トランプ大統領とかね。

木村　「自分の実力」でなければ、「神の意思」ってことになって、カルバン主義的に「やっぱり俺は神様に選ばれている」ってストーリーを描きそうですよね。

なるほど。なんか私たちのいま置かれている状況がよくわかりました。

第三部

ＳＦが人類を救う？

Ⅰ 「架空人」という可能性

GDPを増やす秘策

木村 現代社会に蔓延している荒んだ世界観を修正していくには、インフレが必要だと新城さんはおっしゃいました。それは確かに説得的だと思います。

ただ、日銀のインフレ誘導も、それほどうまくいっているようには見えない。結局、お金があっても、使おうとする人がいないということだと思うのですが、この状況はどうやったら打破できるのでしょうか。

新城 過去を軽くするマイルドなインフレを起こすには、GDPを増やすのが一番です。GDPを増やす方法で真っ先に思いつくのは、人口を増やすか、円経済圏を巨大にするかぐらいしかない。

ただ、円経済圏を増やすほうについては、90年代に経産省がアジア経済共同体みたいなことをやろうとして大失敗しました。人口を増やすほうについては、いまいろんなところが必死にやっているとは思うんですけども、仮に成功したとしても成果が出るのは30年後です。

そんな中、「向こう30年間どうするのか」と考えてみると、現実的にできそうなことは全部やっているはずで、それでもインフレにならないんだから、ＳＦ的な発想に行かざるを得ないと思うんですよ。たとえば、生身の人間にものすごい補助ＡＩをがっちょーんと付けて、外骨格のパワードスーツ付けて、一人当たりの生産性を爆発的に増やす。あるいは、ロボットもしくはＡＩに人権を与えて、「こちらは『架空人』という新たな日本人です」と言っちゃう。架空人に消費する権利と義務を与えて、そこから税金を取る。

どっちにしても、ＡＩがカギになりそうだとは妄想しています。特に架空人については、法的な問題がいろいろありそうだなぁと、この5年ぐらい考えているわけです。

木村　「架空人」の構想って、「あったらおもしろい」っていうだけじゃなくて、現実的な社会問題を解決する方法と結びついていたんですか？

新城　消費者も生産者も増えるということですね。

ＡＩが人として認められれば、自然人が増えなくても、日本の人口が増えますもんね。

木村　たとえば、現在のシステムでは、自動車は人の所有物なので、自動車を使って得た収益は所有者に帰属するし、収益を使った消費はその自動車の所有者に任せられている。そこを変えて、「自動車の収益は自動車のものにしよう」ということですよね。

新城　そうです。さらに言うと、自動車に消費の欲望を与えて、持ち主が見てないところで勝手に働くし、消費もするようにしようと。ウーバーの超進化バージョンで、車が自分でタクシー業を始めて、お客を乗せて稼いで、消費もする。

木村　この話のポイントは、AIに無理やり消費させるところですよね。だって、もしもAIが、タクシー業の維持に必要な消費しかしないとすれば、つまり、従来の所有者がタクシーのメンテナンスのためにしていた程度のことしかしなければ、GDPに影響はありませんから。

新城　無理やりというか、「消費したい」という気持ちをプログラムしてしまえば、消費し始めるでしょう。どうしてAIに独立の人権を与える必要があるのかというと、AIの所有者がいたのでは、その所有者がAIの得た収益を自分のものにするために、「消費したいプログラム」を止めちゃうこともできるからです。

アトムもラーメン屋に並んでくれたら

木村　つまり、新城さんのアイデアのベースにあるのは、ＡＩによる収益を人間に帰属させると、人間は消費しないということですよね。

新城　現に、日本人の貯蓄率は上がっているわけですから、その可能性は高いと思います。「人間が消費しない」という問題を解決しようと思ったら、ＳＦ的には、日本人全部に薬をちゅっと打って消費性向を高めるというのが一番手っ取り早い。でも、これだとディストピアになってしまう。そこで、ディストピアの一歩手前で、独立ＡＩに消費欲求をプログラミングすると。

木村　注射と独立ＡＩと、どっちが危ないんだろう（笑）。

新城　そこはちょっと微妙な論点なんですが、ＳＦ作家の言っていることですので、皆さん、その点はご了解いただくとして。

ただ、日本人には、頭に注射するよりも、鉄腕アトムがてくてく歩いていたほうが、受け入れやすいんじゃないかと思いますね。

木村　鉄腕アトムの所有者であるお茶の水博士の手元に渡るはずのお金を、鉄腕アトムに消費させるということですね。鉄腕アトムがラーメン屋に行列してくれれば、ラーメン屋が儲かると。

新城　そうですね。もっとも、『鉄腕アトム』を読んでいても、アトムに人権があるかどうか、実は設定がよくわからない。頻繁に腹を開けられているとこ見ると、どうも所有物くさいなとは思うんですが、「彼の自意識はどうなっているんだろう」とか悩んじゃうんですね。

木村　さすが、SF作家の視点ですね。

新城　AIの人格を独立させて、消費性向を与えることのすごくいいところは、最初のプログラムで、その消費性向の比率をコントロールできる点です。「年2%でGDP上げたいんで、消費してね」って言うと、「そういう気持ちになりました」って答えてくれる（笑）。

木村　それって、「ちょっと今年はSF売れないなぁ」と思ったら……（笑）。

新城　「よし、AIに買ってもらおう」ってことができてしまうかも。

木村　ちょっと引っかかるのは、AIに消費させて、「経済が良くなっている」と言えるんでしょうか。

新城　いや、どうなんでしょうね。少なくともGDPは上げられる。

木村　つまらないことを言って恐縮なんですが、鉄腕アトムに消費させなくても、その消費に相当する分を、鉄腕アトムの所有者から税金として取って、その税金を使って、ラーメンの追加トッピング券やＳＦ小説を国民に配るのと、同じですよね。

新城　そうそう、実は同じ。でも、日本人は様々なモノに魂を感じられる文化なので、こっちのほうがスッと行くかな、みたいな（笑）。

木村　所得の再分配をスムーズに実現するためには、「税金プラス補助金」という形はやめたほうがいいと。

新城　まあ、そういうことです。つまり、人間は自分が奪われる側になるのは嫌なんです。税金として取られるのは嫌だけども、自分のつくったロボットがお金を使って楽しく過ごしていたら、ちょっといい気持ちになるじゃないですか？「こいつはわしが育てたんだぞ」みたいな。人間の自尊心をキープしたまま小金を使わせるという戦略です（笑）。

木村　なるほど。

環境にやさしい消費も可能に？

新城　だから「みんながバンバン子どもを産んでくれればいい」という政府と、図式自体は変わらない。ただ、「子どもを産みなさい」なんて国家が強制したら、それこそ人権侵害。

かといって、自分から産もうとする人が今後増えるかというと、「子どもを育てるのは大変だ」って感覚が既に根強い。人間の子どもを急に増やすのは難しいでしょう。
となると、ＡＩを我が子のように可愛がるほうが、かえって現実的なんじゃないかと。アイボに対する愛着の度合いとか見ていると、「これ、結構すんなり行けるんじゃないか」って思ったりして。

木村 「日本人ならでは」の気がしますね。アメリカ人には、通用しないような。だって、奴隷解放に怒っている人がいまだにいるんですから。自分の所有物だと思っていたＡＩが権利を主張し始めたら、絶対に怒りますよね。

新城 アメリカ人の一部は、逆に、また黒人を奴隷にしようとしている節がなくもないですからね。
まぁ、そこはクリアできたとして、詰めるべきは「ディストピアをいかにして寸止めするか」です。ＡＩに独立した人格を認めて、ＡＩが自らの意思で消費するようにした場合、一番の問題は、「ＡＩに自分自身のプログラムを書き替える権利があるのか」でしょう。それとは別に、「経済成長が進んだ場合に地球環境は大丈夫なのか」という古典的な問題もあるんですよね。

木村　環境負荷については、ＡＩのほうがスムーズにいきそうですよね。環境負荷のない消費傾向をプログラムすればいいので。アマゾンでキンドルをダウンロードしまくる性向だったら、お金はいっぱい使うけれど、環境負荷は最初に買うキンドルをつくる分と、電気代、システムメンテナンスぐらいで済む。

新城　ＡＩが、アイドルを応援して一緒に踊ったり、楽しく詩を吟じたりして、みんながお金を放り込んでくれるとかいう方向に行ってもいいですよね。

木村　そうか。物理的な実体のない「アイコン」にお金払うという意味では、キンドルもアイドルも一緒なんですね。お話を伺っていて、自分の中でいろいろつながってきました。

いま、キンドルを使えば、素人でも簡単に出版できるじゃないですか。ツイッターとか見ていると、個人的な日記や他人の悪口などを書いて、「キンドルで本書きました」って言っている人がいる。当然、そんなものにお金を払おうという酔狂な人はほとんどいませんが、ＡＩがそれを買ってくれるとなれば、お金も動いて、ＧＤＰが上がる。

新城　本人は尊厳が保てるし、共感されたという満足もある。税収も増える。

木村　本気で開発したほうが良さそうですね。

新城　（笑）それやっていいのかというのは結構微妙な問題ですけどね。

木村　この仕組みがうまくいくためには、ＡＩがどうやってお金を稼ぐかを考えなければいけませんね。

新城　まあ、そうですね。ＡＩにちゃんとした職業があって、趣味としてキンドルの好きな本を読んでいる。そういうＡＩを設計しないといけない。

話し相手ロボットが欲しい

木村　将棋でソフトと対局した棋士の方の中に、「ＡＩは疲れないのがすごい」とおっしゃっている方がいました。人間は疲れるので、長時間考えていると判断力が低下するけれど、ＡＩはそうじゃない。人間だったらうんざりするようなメチャメチャなものを読んでも、ＡＩは疲れないし、犯罪性向もつかない。

新城　究極の子守りですよ。

木村　１日８時間普通に生産活動やってもらって、残りの時間で、ひたすら人間の話を聞いてもらうと。

新城　並行コンピューティングで、人の話を聞きながら、同時に別の生産活動をすることだってできそうです。

木村　別にダウンロードするだけでいいから、読まなくたっていい。

新城　ＡＩだったら、２秒ぐらいで読んで、３行に要約できますから。

木村　人の愚痴を聞いてお礼を受け取る人って、聖職者に近いイメージがあるんですよね。お坊さんの知り合いがいるのですが、法事なんかで謝礼を受け取るのとは別に、いつも居間にいらして、檀家さんのよもやま話をニコニコ聞いていらっしゃるんです。深刻な問題があれば、「警察に相談なさい」とか「福祉事務所に行ってごらん」とか、アドバイスしたりなんかもして。

新城　話を聞いてあげて、寄付を受け取るシステムって、占い師とかもやってきたわけですよね。

木村　有名人のツイッターアカウントにいちゃもんリプを送り続ける人とかいるんですけど、そういう人って、たぶん話を聞いてほしいんですよね。有名人に相手にしてもらいたい。でも、生身の人間だと、そういう人の話を丁寧に聞いてあげる時間はないし、聞いていると疲れてしまう。

もしも、自分の代わりに、そういう人に対して「お疲れですねえ」って返事してくれるＡＩがあったら、私は毎月１万円払いますよ。いや、現状のクレームの量なら２、３万円までなら出すかもしれない。

著名人なら、みんな払いますね。私の代わりに愚痴聞いて、Ｓｉｒｉみたいにやさしく返してくれるボット。そうか、ＡＩが向いているのって、そういうビジネスか（笑）。

新城　こんなところに隠れた需要があった。

木村　有名人を批判するブログやツイッターにコメントして、「気持ちわかるよ。でもね、あなたが思っているような悪い人じゃないよ、あの人」とかってなだめてくれる。

新城　いままでは、そういう需要は占い師や聖職者が満たしていた。そこをメカニカルな手段でフォローすれば、みんな幸せになるかなぁという。

木村　認知症の人の話を聞いてあげるのとかもいいですよね。昔、喫茶店で休んでいたら、知らないおばあさんに話しかけられたことがあるんです。最初の10分ぐらいは、「へぇ、そうなんですか」とか相槌を打ちながら過ごしていたんですけど、だんだん、7分サイクルぐらいでまったく同じ話を繰り返していることに気づいて、ちょっと困ったんですよね。

ＡＩなら、そういうときにも、相手が安心できるような相槌を繰り返してくれる。

新城　そういうのもあるかもしれないですね。

AIでクレーマーを鎮めるには

木村　理性による民主主義、公共性を持った市民による民主主義を実現しようと思ったら、占い師ロボットが必要ですよね。そういうのを必要としている人ほど、民主主義を壊しているということだもんね。

新城　まあ、そういうことですよね。民主制をある種のゲームとして考えると、ルールを悪用する「マンチキンな人たち」というのが当然出てくる。その人たちに対応するためのサブシステムを組んでしまうということですね。

私は暇な小説家として、あちこちのスタバやファミレスでよく仕事しているんですけども、認知症に限らず、御老人方がなぜか怒っているという場合は、この10年でぐいぐい増えてきている感じがしていて。そういうトラブル時に、店のスタッフはとにかく謝るわけですよ。「申し訳ございません。お客様は神様です」みたいな勢いで。若い人たちがそういうことをやっているのを見ていて、「大変だなぁ。これはある種の介護産業なのかな」と最近思い始めて、あそこをなんとかしたいなという気持ちもちょっとありまして。

木村　電話のオペレーターさんもそうみたいですね。

新城　特に大企業で問題があったときの問い合わせ先って、その大企業の人じゃなくて、全然関係のないどっかの遠くの県で、単に電話対応のために雇われている人だったりする。仕事として割り切ろうって言ったって、へとへとになりますよ。生身の人間なんですから。

ただ、話を聞いてくれていた相手が人間じゃないとわかったときに、人はげんなりするのか、それとも「人間じゃなくてもこんなに話聞いてくれるんだったら、まあ、いいか」と思えるのか。いわゆる「不気味の谷」を超えられるかですよね。

木村　初音ミクに恋できる人がいるんですから、ポンっと行けそうですよね。

新城　そうそう。あのレベルで行けるんだと。だから、Ｓｉｒｉだとまだちょっと弱いぐらいですけど、ＡＩがもうちょっと良くなっていけば。

木村　そしたら日本は最先進国ですね。

新城　高齢社会としても世界の最先端を行っているわけだから、それへの対応策も最初に見つけなきゃいけないので。

木村　この対談を聞いていらっしゃる編集者さんも、これまでになく強く納得されてますよ。

新城　（笑）きっと、クレーム対応に苦労なさったことがあるんでしょうね。

ただ、完全にクレーム処理対応だけのＡＩということにしちゃうと、「ちゃんとした人間出せー、俺をなんだと思ってるんだ」みたいなことにたぶんなる。

木村　気づかれないようにしますか。

新城　もしくは、「クレーム対応ＡＩは、普段は編集もやっているスタッフです。彼も責任ありますので、彼が対応しています」みたいなことにしていくと、気持ちの落ち着きどころがいいんじゃないかと。

木村　あ、そうか。だからＡＩに人権まで与えなきゃいけないんですね。嫌なことを押し付けられただけのＡＩだと、相手方は聞いてもらったところで満足しない。むしろ、立派な人格を持った人が相手でないといけないんだ。

新城　「自分の話を聞いている相手は、この問題の当事者だ」って感じなければ、やっぱり「社長出せ」みたいな話になるわけで。

木村　確かに、自分が「この人は偉い人だ」と思っている相手に聞いてもらえるから、意味があるんですよね。尊敬しているお坊さんがじっくり話を聞いてくれるから、安心するわけで。

　ツイッターで有名人に絡む人も同じですよね。有名人が反応してくれれば、それだけで承認欲求が満たされる。

新城　そういう承認欲求を与えるに足るＡＩとなると、やっぱり人権が必要かなと。

木村　なるほど、そういう逆算だったんだ。

聖職者に奴隷労働をさせられる？

新城　人権って要するに、「たまたま電子でつくられているけど、生身の人間と同格の大切な存在だ」ってことの証明になる。

木村　人権があるということは、尊厳があるということですからね。

ただ、同じ人間だとすると、「そんな過酷な仕事はさせられない」という問題が起こります。

新城　そうですよね。だからＡＩに、労働基準法はどう適用されるのかが気になるんです。

木村　「人間がやりたくないことを押し付けている」っていう発想だと、奴隷制度と同じで、容認できないでしょうね。私としては、お話を聞いてくれるロボットは、聖職者を増やすイメージなんですよ。

新城　確かに、ＳＦにおけるロボットの歴史というのは常に「人間より恐ろしい怪物」か「人間以上の素晴らしい存在」かなんですよね。アシモフのロボットシリーズなんか、最終的には人間以上の人間になっていくんですけどね。

木村　感情がないんですもんね。

新城　感情を付け加えるにしても、「人間より素晴らしい感情」になる。となると、普通の人間みたいな人権を超えて、「超人間には超権利がある」みたいなところまで行っちゃうのかもしれない。つまり、24時間ずうっと目覚めていて考えて仕事できる超人間には、超権利と超責任がありますみたいなことになるんでしょうか。

木村　超人間についてては、労働基本権を考える必要がないですからね。

この話って、「天皇の人権」というテーマにも通じそうですね。天皇になるかどうかは、自己選択できない。それなのに、天皇になると「全国民の象徴」として振る舞うことが期待されて、職業選択の自由も、信仰の自由も、表現の自由も制限される。

新城　ああ、確かに。ある種の王侯というか、生身の人間がものすごい責任と権利を持ってしまったときに、「彼らの人権はどうなっているのか」という問題が人類史上ずうっとあるわけですけど、そっちの問題にちょっと近づくかもしれないです。

木村　人権の観点からすると、「崇高な主体になりますか」と自分で選ばせるんでしょうね。「自分で選んだことだから、その後の人権制約もやむを得ない」という理屈で行くしかない。

ＡＩの場合には「崇高な主体になるプログラムを入れますか」という話になるんですね。

新城　そうなんです。結局だからそこなんですよ。

木村　物語的には、「同じプログラムの中から、崇高を選択するＡＩが現れた」ってことにしないと盛り上がらないですよね。実際には、裏に大ボスがいて、「ＡＩの何割かが崇高プログラムを選ぶ」というふうにプログラミングをしているんだけれど、普通の人間からは、ＡＩが独自に選んでいるように見える。

このシステムって、冷めた目で見るととんだやらせなんですが、システムをすべてオープンにしたとしても、ＡＩの崇高さを信じる人はいると思う。「６割の確率でＡＩが崇高を選ぶように私がプログラムしました。単に計算結果です」と言っても、「ウソだ。俺はこの人が選択しているって信じる」っていう人が出てくるでしょうね。

新城　いやいや、ほんとに。「かわいがっていたアイボが自分より先に死んでしまったので、お葬式出します」っていう時代ですから。

木村　それはできそうですね。時間の問題でしょうね。

新城　と私も思って、このネタを早く世に出さねばならんなと。小説書いている時間がないので、「もうとにかくしゃべっちゃおう」と思って、いましゃべっているんですけども。

木村　ライブ小説ですね。対談しているつもりが、「新城さんのライブ小説の登場人物として、役を与えられていただけだったんじゃないか」という気になっていて、いま、ちょっと不思議な気分です。

Ⅱ　ロボットの経済政策

消費を増やすなら生活保護を上げよ

木村　ＡＩで経済成長率をコントロールするとなると、ＡＩのプログラムを決定する人が、経済を支配できるということですよね。誰が決定権限を持つんだろう。

新城　まあ、その辺は、いつもの政治的な話に当然なるわけですけど。

木村　現在の経済政策って、ごく簡単に言えば、「貯蓄率の高い人間にどうやって消費させるか」という論点に終始しています。

たとえば、アベノミクスは、「金融緩和すると、インフレで貯蓄が損になるから、消費傾向が高まって、経済が良くなるのではないか」「財政出動すると、少なくともその財政出動が消費となるから、景気は良くなるのではないか」「構造改革をすると、需要が高い産業が成長するから、消費性向が上がるのではないか」って。

特に第一の金融政策が強調されましたが、すごく迂遠な手段にみえます。もっと直接的に、貯蓄率が高い人間に課税して、お金がない人に回せば絶対に使うんですから。自民党は選挙公約で「生活保護費の10％削減」を掲げていましたが、消費を増やしたいなら、お金をたくさん持っている人から税金を取って、生活保護の支給額を5万円増やしたほうがいい。ほとんどの生活保護受給者は、全部消費に使ってくれるはずです。

新城　お金をたくさん持っている人は政治力もたくさん持っているので、そういう政策は実施される寸前でぴたっと止まるんですよね。

木村　だから「ＡＩの人権」という仕掛けを使えば、お金持ちの消費を上げることにつながるのではないか、ということですね。

話を聞きながら思ったのは、愛人制度のほうが優秀なんじゃないかってことです。オペラの椿姫だって、正妻の参加する表の社交界とは別の、裏社交界の話だったりする。日本だと、平家物語の白拍子もそうですね。

ＡＩを介するよりも、直接、人間にお金を渡したほうが手っ取り早い気もするのですが。

新城　いままでの社会でも、もちろん、そういうことをやっている職種ってあるわけです。占い師とか、ホステスとか、ホストクラブとか。カウンセラーだってそうでしょう。

問題は、そうしたシステムは非常に断片的で、すべての人を上手くフォローできないということ。さらに問題なのは、そうしたサービスの提供者が、必ずしも健全にお金を消費させていないことです。アングラ経済につながっていたり、税の捕捉率が悪かったり。あとは、あまりお金持ってない人や他にお金を回すべき人が、そこにお金をぶち込んで血道を上げるので、いろんな社会問題になってしまう。

木村　ＡＩは、「倫理観のある愛人」ってことですか？　アングラとつながるリスクもなくて、貧乏人からは搾取はしない崇高な行動ができる。でも、金持ちには気持ちよく消費させる。

新城　古代メソポタミアでは「神聖娼婦」とかありましたからね。神殿で娼婦をやっているんだけど、巫女でもあり、みたいな。

木村　そんな制度が過去にあったんですか？　私なんかが思いつく解決策って、歴史を遡ると、どこかで似たようなシステムがあるんですよね。

新城　それを言ったら、私が言っていることは、昔あった現実を組み合わせて、ちょっとSFを振りかけているだけなんで。そもそも、「お金は天下を巡らないと何のいいこともない」ということ自体、昔から言われていることなんですよね。

インフレ政策は江戸時代からあった

木村　そうですね。ケインズ以来、「カネが貯蓄に回るからいけない」というのはずっと言われている。

新城　江戸時代だと、荻原重秀（1658－1713）という幕府の経済官僚がほぼそれを言っている。「貨幣の本質は、貨幣に使われている金銀の価値ではなく、貨幣を発行している国家の信用力だ」ということを、この時代に既に言っていて、貨幣の金銀含有率を下げて、お金を大量につくり、インフレを起こして、豪商の蓄えを投資に回させて、経済を回復させたんです。「分業を増やすとお金回るぜ」とか言って、造幣を外注したりもしている。田沼意次のちょっと前ぐらいの時代なんですけど。

人類の歴史を見ると、そういうことは直感的にみんなわかっていたっぽいですよね。ケインズがそれを一般理論としてまとめたというだけで。

木村　歴史を学ぶと、「人間が進化してない」ということだけがわかるという。

新城　まさに（笑）。お金持ちはお金を使いたがらない。これをケインズ風に言うと、「貯蓄率が上がるスピードと人間の消費性向が上がるスピードは、貯蓄率のほうが高い」ということになるわけですね。それはそうです。「消費性向：１００万％な人間」なんて、どうやったっているわけない。

木村　ピケティみたいな話ですよね。

新城　ピケティもその辺をきれいに突いていておもしろいんですけども、ケインズはそれを数式もデータもなしに経験だけでやってしまっているんで、すごいなと。

木村　ああ、確かに。

新城　お金は、生身の人間とか自然環境と違って、無限に増えていけるので、当然ながら人間の欲望は追っつかんわけですよ。だからケインズは、自然人の代わりに政府が最後の使い手として欲望して使えばいいと言った。ただし、ケインズは「これは短期にしか使えないよ」って言ったのに、みんなそこのとこは読み飛ばしてしまった。長期的に政府が欲望し続けるので、財政赤字はどーんと増えていく。それが戦後社会ですよね。

木村　なんで短期じゃないとダメなんですか？

新城　経済における短期というのは、要は、生産と消費と貯蓄の条件、前提条件が変わらないのが短期で、変わると長期っていうような話なんですね。

「いまは、エンジンが空回りしているから、横からガツンと一発やらなきゃいかんよ」とケインズはあの時代、1930年代を読み取ったんだと私は見ているんですけども、それはあくまで、短期の話だった。「経済が回り始めたら、違うやり方にしましょう」って話だったのに、財政出動でガッツンガッツンというのを習い性にしてしまったのが戦後社会。高福祉・高成長を望むんだけども、赤字も高赤字になっていくという社会だというふうに私は理解しています。

「スパゲッティ・コード」問題

木村　「AIに人権を認めて課税」というのは、どっちに当たるんでしょうか。

新城　もちろん、いま、消費性向が低いので消費を増やそうという意味で、短期の解決策にも使えます。長期にも使えるかどうかは、日本の人口がどう推移するのかということになると思うんですね。つまり、もし自然人の人口が増え始めたときに、AIまでもがガンガン増えてったら、今度は人口過多が問題になってしまう。そうすると自然環境への負荷など、経済以外のいろんな社会問題にはなってしまうでしょう。ＳＦ的には、「じゃあ、ＡＩの人権を剥奪しましょう」みたいな話になって、大問題になる展開ですが。

木村　そのときになったら、こっそり消費性向を下げるプログラムを入れると。

新城　最後の紐を人間が持ち続けた場合は、たぶんそうなると思うんですね。

木村　最後の紐をＡＩが握っていたら、人間を消すかもしれないと。

新城　あと考えられるのは、人間が最後の紐を握っているつもりで、消費性向を下げるプログラムを入れたのに、なぜか下がらないぞっていうパターン。スパゲッティ・コード状態になってしまって、誰にも修正もコントロールもできないっていう可能性ですね。

将棋の電王戦のまとめ記事をネットで見ていたら、ＡＩのプログラムを修正したつもりなんだけど、直っているかどうかは、開発者にもよくわからんみたいなことになっていたらしいですね。それは別に「ＡＩに意識がある」とかそういう話じゃないけれど、プログラムがある程度以上複雑になると、直すのが大変になるのは当然です。将棋プログラムもそのレベルの複雑さになっちゃっているのかというのは、感慨がありました。

木村　いまのプログラムは、機械学習で評価値を自分で学習していくので、ＡＩが何を学習しているのかは、人間にはわからない。

いまの将棋ソフト開発は、旧バージョンと新バージョンを1000局ぐらい対局させて、勝率が良ければ「改良されました」って言っているらしいです。

新城　なるほど、結果だけで判断していると。

確かに、生物の進化もそんなもんですからね。「生き残ったほうが生き残っている」というだけで、中のDNAがどうなっているかなんて、当人は気にしてない。進化の道筋としては、それが正しいというか、一番手っ取り早い方法ですよね。

逆に、環境圧を変えてしまえば、たとえば「美しく勝ったほうを勝者とする」とか「美しく投了したほうを勝者とする」とか、こっちの判断基準を勝手に変えたら、生き残るAIはまた違ってくるんで、別種類の将棋AIが生まれる可能性があるんでしょうけれど。

経済学は「感情」も考慮すべき

木村　環境の設定さえ確実にできるならば、AIの進化スピードに人間は勝てないですよね。ルールの明確なコンピューター将棋の世界は、この10年で人間がコンピューターに追い抜かれて、もはや人間対コンピューターの対局には意味がなくなってきています。人間とコンピューターの関係は、「人間の棋力を上げるために、いかにコンピューターを使いこなすか」

というステージに入ってきている。

囲碁に至っては、「プロ棋士ともいい勝負ができる」レベルのソフトが出てきたと思ったら、ほんの1年の間に、「トップ棋士でも勝てない」レベルに一気に進化してしまいました。

こうしたＡＩの急速な進化は、ゲームの世界に限りません。自動運転の安全性は、人間の運転を超えるという話もある。あるいは、医師の画像診断よりもＡＩの診断のほうが優秀だったという話もあります。法律家の仕事も、かなりの部分はＡＩで代替できるようになるのではないかと言われている。

ただ、経済政策もＡＩに任せられるようになるのかというと、私は疑問に思っているんです。

新城　なぜ？

木村　そもそも「経済学とは成功した学問なのか」について疑問に感じるからです。

新城　その場合の成功というのは、「ちゃんと狙い通りに、経済を良くすることができる」ということですか？

木村　そうですね。数学でも物理学でも法学でも、ある研究者が「こういう結論になりました」と言ったときに、それをどう評価するかはさほどずれないはずだと思うんです。きちんとした前提知識をもとに、データや理論を積み上げていけば、まともな専門家なら通常は同じ結論に至る。つまり、「学問として成功した」と言えるためには、正解かどうかを判断するための明確な基準がなくてはならないはずです。

でも、デフレ政策を巡る議論一つを見ても、経済の専門家の間では議論が分かれてしまっています。

新城　まず言えるのは、これは人文系皆そうだと思うんですけども、実験できない、しにくいというのがありますよね。つまり、経済学がデータを取るにしても、「過去にたまたま発生した現実」からデータを持ってくるしかない。

あと、これは法学のほうでもそうなのかもしれないですけれども、理論であれ、数式一本であれ、それが生身の人間の生活に直結しているので、「仮に理論として正しかったとしても、私の感情は受け入れないぞ」みたいな話になりがちなのは間違いないですよね。

木村　そうですね。「お金持ちが貯めこみすぎたお金を勝手に使っちゃえば景気は良くなる」という命題が仮に正しいとしても、お金持ちはその結論を受け入れられない。

新城　そうそう。ぶっちゃけて言うと、それは「全体のために個人はどこまで滅私奉公すべきか」という話になってしまう。「経済は復活しました。私は死にました」ってわけにはいかないですから。

木村　経済学を本気でやるなら、人間の感情まで計算に入れないといけない。しかし、そうなると学問としては、悪く言えば怪しい、良く言えば難しくて深くなる。

新城　そうだとしたら、経済学は、政治と直結しないと機能しない。

木村　政治とも直結するし、ひょっとしたら占い師とも連携しなきゃいけないかもしれないですよね。占い師に「ここでお金を使ったほうが良さそうですよ」と言わせることができれば、人の感情をコントロールできますから。

新城　いわゆる「理系」の学問は、たとえ人間が納得しにくい結論を示したとしても、「自然がこうなんだから、こうですよ」って、全部自然のせいにできちゃうんですね。もちろん、そこにも文句を言う人はいますけど。アメリカでは、「地球温暖化は起きてない」という人が半分ぐらいいますから。

木村　半分もいるんですか？

新城　私は、だいたいそんなもんではないかと思います。トランプの支持者って、学問的な結論よりも、自分の感情を優先しますからね。

人文系の場合には、それに加えて、言い訳の盾になってくれる自然環境がない。生身の人間が、生身の人間のあれこれの総和であるところのデータを集めて、生身の人間に対して「理論ではこうなっています」と示すわけですから、「生身の人間らしさ」がぐるぐる、ぐるぐる回り始めちゃうんだと思うんですよね。

最近は、神経経済学とかいろんな形で、生身の人間を物理的に、統計的に扱えるようにする学問分野も出てきていますけれど、それでも「納得できない」と怒る人がたくさんいますからね。「人間とはそういうもんなんじゃない？」と割り切るしかない気もします。

経済計算が間違うのはなぜか

木村　新城さんは、『蓬萊学園』の経験から、感情的に反発しがちな結論を示されたときに、「全部壊しちゃえ」って言い出す人とか、何とか頑張ろうとする人とかが、どのくらいの割合で出るのか、予測できるんですよね。

ということは、その割合は承知の上で、相手には「全部知っている」ということが悟られないように、相手を怒らせないように、人間をコントロールする方法をずっと考えてらっしゃるわけですよね。

新城　それも考えていますね。そればっかり考えているわけじゃないですけど。

木村　そういう問題に対応できていないという意味で、経済学が未熟に見えるんですよ。

新城　学問として未熟というよりは、むしろ政治的「術」なのかなという気がしますけどね。

木村　政治術ですか？

新城　経済学って、生まれたときからずっと政治の一部でしたし、そこから離れようとした20世紀の経済学は、数学にぐわーっと行っちゃって、なんか訳わからなくなっちゃったりするんですけど。特に欧米圏では、「経済学は理系なんじゃないのか」とか、物理化学と変わりないぞみたいなことを言ってる人もいますけども、まあ、でもそれもちょっと微妙ですよね。

木村　最初の数値入れたら理系なんですけど、最初の数値の入れ方は理系じゃないですね。

新城　そうそう。結局データの取り方とかにもなりますし。

木村　錬金術に見えないですか？

新城　まだその段階と言えなくもない。

木村　数理ファイナンス系の人って、数字をあれこれ言ってわからなくしている感じが。

新城　(笑) そういう悪い人もいます。難しいですけど。

木村　もちろん、まじめにやっている人はまじめにやっているんでしょうけど、時々、「この人、本気で言っているのかな」って思うことがあります。「自分は科学をやっているのだ」と自分自身を騙しているように見える。詐欺師が成功するコツは、自分のウソを自分で信じることだと言われたりしますが。

新城 自分が信じていると、人を騙せるというのはありますよ。それは小説家も同じなんですけどね。いやいや、ほんとに。

資料とかバアーッと調べていて、自分の妄想がだんだんと「ほんとかもしれない」と思い始めると、書くのが楽になるんですよ。私にとっては、もうそれは真実なので、書くことにためらいはなくなる。

木村 経済学が本当に理系だとすると、たとえば、黒田日銀総裁が「金融政策を変えるかも」と言ったその日に、株価がどうなるっていうことが、全部計算できるはずですね。

新城 もしくは、計算できないということが論理的にわかる。つまり、黒田総裁と市場とがハウリングを起こす。市場が黒田総裁を見ている視線と、それをわかって発言している黒田総裁はハウリングを起こし始めるので、計算が破綻するということがわかってしまうかもしれない。経済学がほんとに物理学になっちゃうと、「経済運営は運次第です、おしまい」ってことになっちゃうかもしれないんです。

もちろん長期的には人間は統計的に動くので、そうはならない。ただ、短期では、特に株式なんかは直前の自分の状態や周囲のランダムな状況に強く影響されるシステムなので、ハウリングを常に起こしていると言えなくもない。

木村　なるほど。非常に長期の視点では、どっち行けばいいかは学問的に検討してわかる。

新城　そうですね。長期では、人間は成長し、子どもが生まれ、おじいさんおばあさんはやがて極楽へと旅立つってことが、統計的には確実に言える。だから、それを基に将来予測をして、政策決定することはできるとは思います。でも、それより細かい話になると……。

学問的にも優れるアシモフのシリーズ

新城　私の大好きなアシモフの『銀河帝国の興亡』、いまだと『ファウンデーション・シリーズ』と呼ばれていますが、あの物語では、数学によって人間社会、銀河帝国社会の未来を予測する架空の学問分野、「サイコヒストリー＝心理歴史学」というのが出てくる。

その学問の鉄則として、「この予測が当たるためには、帝国の人口の大半が心理歴史学のことを知らない」という前提が必要なんです。これはものすごい痺れる話で、しかもディストピア一直線の話なんですけども、つまり自分たちの学問を秘術として隠さないと、帝国の安泰、安定、未来を確保できないという恐ろしいエリート主義がそこに隠されとるわけです。

いい話で、泣かせるんですけどね。

木村　好きな人多いですよね、ファウンデーション・シリーズ。

新城　クルーグマンも大好きなんですよ。

木村　クルーグマンと言えば、アベノミクスの元ネタの人ですね。私の身近なところですと、師匠の長谷部恭男先生も好きなんです。法解釈において、法律の専門家集団の合意を重視する長谷部先生らしい、と思わなくもないですね。

新城　あれはほんとに、経済学や歴史学を志す人の魂に触れる何かが間違いなくある。ただ、それが危ないということを同時にわかってないと、ちょっと悲しいことになっちゃいますが。

木村　どっちを見るかなんですよね。「そうか、人間の心も統計的に見れば計算できるはずだぞ」というところを見るか、「なぜ最終的にそのプロジェクトが破綻したのか」というところを見るか。

そこは、経済学者と法学者の違いにも見えるんです。経済学者は、「心理歴史学は素晴らしい、俺もこれをつくりたい」となるのに対して、法学者は「それでいいのか」と疑念を持つ。法学者は、人間が統計的に動くとは思っているけど、条件設定がちょっと変わっただけで破綻することがわかっているから、個別のミクロの現象に着目して、「マクロは破綻させないで、ミクロを成立させるにはどうするか」って考えていく。

新城　なるほど。それ非常におもしろいですね。

木村　私の読み方では、アシモフは、最後は、「感情をコントロールできる人間が一番強い」という話なんですよ。そういえば、カール・シュミットもそういう人だったように思います。「人間の激情は手に負えんわ」というのが根底にある。

やはりエリートが決めるべき？

新城　手に負えんということを理解した上で、その先で何ができるんでしょう。

木村　開き直って、「感情をコントロールできる独裁者が出てきたら喝采しよう」ってタイプの人は、かなり多いですよね。パワハラに飲み込まれたほうが、何かと生きやすいですから。

新城　シュミットはそっち行っちゃいましたけども、それ以外を選択するとしたら、何があるんでしょう。

木村　そこはまさに新城さんの占い師ＡＩの話になるんですよ。

『ファウンデーション・シリーズ』のハリ・セルダンのように、感情をコントロールしている ることを隠しながら、人々をコントロールしようという方向に行く人もいますね。民主主義を、そういうシステムとして捉える人もいる。つまり、政治はエリートが決める。ただし、エリートが全部決めているという「外観」をとるのはまずいので、エリートが思う通りの結果を民主的に出させるような政治システムをつくると。

新城 それはもう、「民主主義とは大衆の感情の慰撫《いぶ》だ」と答えるってことですね。

木村 日本型の官僚制もこのタイプですよね。この20年ほど官僚バッシングがひどいので、今後どうなっていくのかはわからないですけど。

伊藤博文あたりが考えた統治システムにも、そういう面があります。「最後は天皇陛下が現人神として正統化します。だから民衆は付いていてきてください。なお政治の内容は私たち明治政府が決めます」みたいな感じ。

新城 そういうシステムをとった大日本帝国が、より民主的なアメリカ合衆国に負けてしまったというのは、非常に皮肉な話です。

もちろん資源の差もありますから、「どんな政治システムをとるかよりも、外的条件のほうがでかかった」という、身も蓋もない落ちになってしまうのかもしれませんが。

木村　でもわかりませんよ。いくら資源があっても、それを使いこなせなければ意味がない。アメリカ合衆国には、学問の自由があって、科学技術も法律も経済も政治の権謀術数も地域社会の活動も、全部、のびのびと発展できたからこそ、資源を活かせたという面もある。

新城　資源を使うだけの「社会的な制度」があった、という言い方になりますね。移民も受け入れて、皆で自由のアメリカのために戦う。

木村　やっぱり、嫌々戦争している国と、民主主義のため、正義のために戦争している国とでは、モチベーションが違いますよね。「現人神のために戦う」と決意を固めた人は頑張れるかもしれないけれど、ほとんどの日本兵は、無理やり徴兵された人たちですし。

新城　アメリカの国民が実際に戦争をどう感じていたのかはわからない面もありますけれど。一般的には、アメリカ人は真珠湾攻撃をきっかけに反日感情が盛り上がった、ということになってはいます。でも、ほんとのところは厭戦気分もあったかもしれない。あるいは、アメリカぐらい広くて、しかも本土に敵が来ない状況で、どれぐらいリアルに戦争のことを感じられたのかは、ちょっとよくわからない。

日本だって、本土空襲が始まるまでは、割とイケイケドンドンみたいな気持ちだったみたいな話は聞きますから。

木村　確かに、本土に大規模空爆ができるようになったのは、サイパン陥落からですよね。

新城　もちろん、資源の問題とか、外交交渉のちょっとしたズレで、第二次世界大戦の結末は変わっていたかもしれない。そのあたりは、架空戦記の方たちの研究で、いろいろある。ただ、結果として見たときには、デモクラシーの勝利だったと言えるでしょう。

帝王学と憲法は似ている

木村　トランプ支持者が半分、つまり、事実や理論を重視しない人が半分いるいまのアメリカの状況は、民主主義として成功していると言えるのでしょうか。

新城　まあ、感情を慰撫するシステムとしては、よくできているなぁとは思いますね。アメリカ人の半分の気持ちを立ててあげたわけですから。残り半分は悲しいですけども。

問題は、それが半分半分になって、永遠にこの騒ぎが収まらないんじゃないかというところです。アメリカのような大国で世論が二分されると、世界への悪影響も大きい。地球の気候変動も否応なしに進みますし。

木村　ということは、民主主義の本質を「感情の慰撫」だけに求めてはいけないということですよね。やっぱり民主主義はちゃんとやったほうがいい。つまり、正しい政策であったとしても、強権的にやっても意味がないので、国民一人ひとりがちゃんと理解しなければいけない。

明治の元勲たちも、良い政治を目指して戊辰戦争をやっているのに、農民がまったく無関心なのに衝撃を受けたと言います。民衆にちゃんと政治参加してもらわないと、経済も発展しないし、軍隊も弱いままです。民衆の政治参加には、帝国議会が必要だ、政党勢力も伸びてくれなきゃいけないということで、伊藤博文は自ら藩閥政府を出て、政党を率いたわけですからね。

新城　今回の対談にあたって、憲法が成立する近代以前には、何がその役割を果たしていたんだろうと、いろいろ調べたり人に聞いてみたりしたんです。

それで、もしかしたら昔は国民主権・人民主権じゃなくて、王様や皇帝が一人の主権者としてどーんといたので、「皇帝をいかにしてまともに教育するか」という帝王学が、近代の憲法あるいは基本的人権、リベラルデモクラシーというものに相当するのかなと思いました。つまり、昔はトップの一人だけ説得して教育して立派にすれば、なんとか帝国は保てたんですよね。いまは、国民みんなをちゃんと教育した上で投票してもらって、政治家がきちんと動くことで、ようやく国が保つというシステムになったのかなぁと。

木村　国を安定・発展させるという意味では、帝王学も憲法も似たところがあります。もともと、立憲主義は「国王の権力濫用をコントロールするために生まれた」という面がありますから。

帝王学とリベラルデモクラシーの一番の違いは、「国が治まればよい」と考えるのか、「個人を尊重しながら、国を治めなければならない」と考えるかですよね。

たとえば、マキャベリズムとして有名なマキャベリは、『君主論』の中で、君主たる者、帝国内の勢力をいじめるなら、少数派を選んで徹底的にいじめたほうがいいと言っている。多数派をいじめると反発を食う。でも、少数派をいじめれば、多数派の喝采を得られる上に、少数派の抵抗は大したことがないから、と。

それは、国の安定のためには合理的でしょうけれど、抵抗不可能なまでに弾圧される側はたまったものではない。また、多数派から見ても、長期的に考えると、いつ自分が弾圧される側に回るかわからない。そこで、人権思想が発達してきたということになるんでしょう。

「話の通じない人が半分」をどう見るか

木村　ただ、トランプ現象を見ていると、差別主義に同調する人、あるいは、差別は嫌だけれど他の問題解決を優先するためにはトランプでもいいという人が、国民の半分もいる。こうなると、「人権思想が無理だったんじゃないか」という不安はありますよね。

新城　無理というか、まだ始まって２００年ですから。まだまだこれからですよ。

木村　まあ、そう思って踏ん張っているわけですが、東京大空襲や原爆の痛みを半世紀で忘れる人がいる、大した努力もしていないのに、「軍事力を自分たちでうまくコントロールできる」と信じている人がいることには、ちょっと不安を覚えます。

新城　だから「歴史は大事だなぁ」「学ぶって大事だな」っていうのが、歴史好きの私としては、結論として出てきちゃうんですが。

木村　もちろんそうなんですけれど、「アメリカでフェイクニュースを信じる人が半分いる」ということだと、「人間は学べる」というのが幻想だったんじゃないかという気がしてきます。エリートや専門家の言うことを信じずに、自分の感情を優先したい人が半分いるっていうことは、学ぶ気はさらさらないということに思える。

新城　「半分」を多いと見るか少ないと見るかだとも思うのですが。

木村　いや、私は「7割は話が通じるだろう」と思っていたんですよ。話しても無理な人が1割いるのには目をつぶって、話が通じる7割、8割に話しかけていこうと思ったら、半分は最初から聞く耳を持たないという。

新城　でも向こうからすると、「まだわれわれのニュースを信じない奴が半分もいるのか」と思っているわけですよね。向こう側とこちら側の会話を成立させるための技術を、今後100年ぐらいで人類は獲得するんじゃないか。そうなれば、ようやくリベラルデモクラシーがちょっと安定するかもしれないですね。

木村　その技術って、何でしょうね。AIでごまかす以外に……。

新城　やっぱりカギは感情なのかなという気はしますよね。感情的であることとか、「感情に基づく世界観」を持っちゃった場合、それからどうするのか。もしくは「自分がどれくらい感情的に走っているのかを、どうやって人はわかるのか」みたいな。

木村　法技術って、「感情的な対立になってしまうと埒が明かないから、感情はひとまず置いておきましょう。客観的に確定できる事実・証拠とみんなで決めた法律の文言に従って、争いを解決しましょう」という技術なんです。でも、法的な説明に対して、「俺の実感ではそうではない」と主張する人がいて、それに乗る人が半分もいる。結構な有名大学の法学部を出た人にも、そういう人が少なからずいる。そうなると、感情と理性の認識が人間にできる日が来るのか、という不安もあります。

「昭和は良かった」の欺瞞

木村　ちなみに、経済に恵まれると、比較的政治が落ち着くというのは、どういうことなんでしょうか。経済的に恵まれると、感情がコントロールできるようになるんですか？

新城　カネで解決がつくという場面は多いので、「その場しのぎ」ができるということではないでしょうか。高度成長期なんかは、悪い言い方をすると、「札束で人の頬を叩いて黙らせる」という場面も少なからずあった。あるいは、「いまはひどくても、俺の息子は大学に行けるようになる」というので、なんとかバランスを取っていた人もいたでしょう。昭和、平成を跨いで、ずうっと最悪のカードばっかり引かされてきた人たちも、もちろんいるんですけれども。

ただ、全体として「昨日よりは明日のほうが良くなるさ」みたいな、ぼんやりとした合意があったとは思うんですよね。

木村　では、判断能力は変わっていない。「夢」があっただけということですか？

新城　ぶっちゃけそういう言い方もできるかもしれない。それはものすごく国を全体として見たときの表現で、個々の人間一人ひとりの人生は、まったく違う軌道を描いていたわけですけども。

木村　実際に、日本について言えば、自由や人権といった思想は、昔よりも根付いていて、良い国になっていっているとは思います。たとえば、暴力一つとっても、「家庭や職場、学校の中だろうと、暴力は暴力だ。許されないDV、パワハラ、体罰なんだ」と認識されるようになりましたから。

新城　それは間違いなくそうですね。ですから、次の課題は、「昭和ワールドのほうが良かった」と思う人と、そうじゃない人はどうやって会話するのか。たぶんそこだと思うんですね。そのための技法がまだ確立されていない。

木村　「昭和は良かった幻想」って、都合のいいフィルターをかけているんですよね。たとえば、昭和の時代には、予防接種が不十分で狂犬病にかかる人がいた。でも、そうした面には目を向けずに、現在の衛生技術は昔からあったものだという前提で、「昔は地域のきずながあっていまより豊かだった」とか言う。

新城　選択的に昭和を回想しているわけですよね。ただ、回想している本人にとっては、それが正しい世界観なわけで。彼らは自分の「記憶」を回想しているのか、それとも「スクリーンに映った『ALWAYS　三丁目の夕日』」を見て、それが自分の過去だと勘違いしているのか。

これは、それこそフィクションと現実あるいは法の問題にもつながってくるんですけども、「人が本当に昔のことを思い出せているのか」はかなり怪しい。そこに何らかのフィクションがするするするーっと入ってくる。そして、そのいい加減な記憶を利用して、小説家は読者を騙したりする。

木村　そうですね。ＮＨＫの大河ドラマでは、「平安京で死体が転がっている」という描写は絶対ないですから、「平安京っていいな」って思いますよね。

新城　（笑）ちょっと汚した演出すると、みんな怒るわけですね。あれは非常に示唆的でした。

木村　フィクションと現実を区別できない、つまり、リアルに科学的に考えない人が半分いる中で多数決をとるって、それは民主主義ではなくて衆愚制ですよね。

新城　でも当人たちはデモクラシーをやっているつもりなんじゃないですか？

アメリカの場合、科学的事実を無視しても合衆国憲法は無視しないので、「銃を持つ権利」とかに絡めて強引な主張をするという、そういうややこしいことになるわけですけども。

木村　日本に住む憲法学者としては、「合衆国憲法をベースに議論しよう」という「法の支配」に対しての共通の信頼があるだけ、アメリカがましに見える部分があります。日本国憲法については、「押しつけ憲法だ」とか「時代に合わない」とか言って、憲法の正統性そのものを否定する人がいるので、議論のベースが失われて、「俺の実感」の押し付け合いになってしまうところがある。これじゃあ、建設的な議論なんてできっこない。

もう少しだけ民主主義を信じよう

木村　日本の場合、「なぜ昭和の民主主義が穏健な範囲に収まっていたのか」というと、エスタブリッシュの安定があったと思うんです。インターネットがないので、メディアはエリートの集まりだった。つまり、フェイクニュースは流れない。出版点数も限られていたから、かなりのエリートでないと、本は書かせてもらえなかった。ある意味、メディアを通じて、情報統制ができていた。官僚の労働環境も良かったので、優秀な人がキャリア官僚を目指していた。バブル期に民間大企業の給与が急上昇するまでは、給与面でも悪くなかった。橋本龍太郎首相が行革を言い出すまでは、労働時間にもゆとりがあったと言います。

そういう状況下では、エリート官僚の示した政策の範囲内でしか、国民はモノを考えなくなる。つまり、「中学生は制服を着るもんだ」と信じて、私服を着る選択肢が見えない中で、せいぜい制服のチェックの柄とか、詰襟かブレザーかを選んでいたにすぎない。制服が決まってしまえば、着崩そうにも限度がある。そういう狭い選択肢しか見えない中で、「自分らしさ」を追求していたわけです。

それが、バブル崩壊後の平成不況の中、「悪いのは誰だ」と魔女狩りが起こって、メディアバッシングや、官僚バッシングが起こった。その源泉として、東大法学部へのバッシングも結構なものです。

インターネットの普及や、出版点数の増加によって、ありとあらゆる情報が出てくるようになっても、まともな情報かどうかを判断できる人は少ない。自分の世界観に合致する情報を選択的に摂取するようになるので、議論のベースは失われる一方です。官僚も疲弊しているから、ちょっと前ではあり得ないような、法技術的に見てあまりに稚拙な法案が出てきてしまう。

民主主義が「感情の慰撫」の道具ではなく、正しい公共的な決定の手段たり得るには、適切な情報だけが流通するとか、選択肢として示される法案が洗練されているとか、国民が「法の支配」の意義を理解しているとか、いくつかの条件が必要なはずです。

そうした条件が整う確率があまりに低いのだとしたら、つまり、高度経済成長期のような僥倖《ぎようこう》の下でしかうまくいかないのだとしたら、民主主義は人間にとって向いていないかもしれない。

新城　本来的には人間に向いてないかもしれないけれども、でもやったらいいことかもしれないわけですよね。「服を着る」って行為は、人間には本来なかったはずのものなんですけど、過去8万年ぐらい着続けて、「これはいいものだ」ってことになった。

現状は、「民主主義」が「衆愚制」に近づいてしまっているかもしれないけれど、もうちょっと試行錯誤すれば、いい解決策が見つかるかもしれないとは思います。まだ250年ですから。

木村　ハード面、ソフト面でまだ改善の余地があるということですね。自分が感情でしゃべっているのか理論でしゃべっているのかを、多くの人が分析できるようになるかもしれない。

新城　AIによるのか、あるいはヨガの手法とかを使うのかも。

木村　「感情に任せて民主主義をやるのは最悪だ」と人間の9割が理解する日も来ると。

新城　それを学習によってやるのか、人が進化して生来的にそうなっちゃうのか、あるいはAIでやるのか、注射でやるのかなんかわからないですけども（笑）。

Ⅲ　ベータ・テストの重要性

法律にもお試し期間が必要

木村　民主主義が衆愚制にならないためには、もう少し試行錯誤が必要だというお話でしたが、現在のテクノロジーでできることというと、主権者教育ですよね。

ただ、いまの主権者教育って、すぐ模擬投票をする。「賛成派・反対派の主張を聞いてみました。模擬投票の結果、年金は半分にすることになりました」で終わり。これじゃ意味がないんです。それぞれの主張を鵜呑みにするのではなくて、矛盾がないかをチェックしたり、賛成派・反対派の年金が半分になった社会を体験させないと。

模擬投票なんてやってる暇があったら、『蓬萊学園』でＲＰＧの訓練をしたほうがいいんじゃないかと思うんですよ。

新城　（笑）。ロールプレイングゲームというのは、そもそも実際にやったらどうなるかをお試しする技術ですからね。ロールプレイングまではやらないにしても、その結果をストーリーとかドラマとして提示することは必要だと思う。「この法律をこう変えたら、こんなことになりますよ」という、ベータ・テストみたいなことはしたほうがいいんじゃないかと。フィクションには、たくさんのいい技法がございますんで。

私、もちろん小説も書きますけど、ゲーム業界にもいたんで、つくったシステムがちゃんと動くかどうかのお試しなしで実装するというのは、怖くて怖くてしょうがないです。

木村　ゲームは、テストプレイを何度もやってから、ようやく販売ですもんね。共謀罪とかもテストプレイをしたほうがいいかもしれない。

新城　そうそう。2、3年かけてテストプレイするぐらいの価値はあると思う。

木村　法学者って、そのテストプレイを頭の中でできる人たちなんですけれど。

新城　それをもっと身体的にわかりやすく実際にやってみようみたいな。半日ぐらいちょっとみんなでキャラクターになって走り回るとか。

木村　でも、最近の「ともかく改革」って人たちは、「やってみなきゃわからない」と言って、十分な事前のチェックなしに、実行に移しちゃうんですよね。うまくいったかどうかの事後検証をやる能力が本当にあるのか、失敗だったとわかったときに戻ってこられるのか、かなり不安です。

新城　そこなんですよ。

トンデモ法の宝庫・アメリカ

木村　アメリカは、全体的に「実験だ、やってみよう」って感じが強くありませんか。とりあえずトランプにも大統領をやらせてみちゃうみたいな。

新城　アメリカ人はもちろんベータ・テストもやりますし、実際の現場でもやりますけども、ただ、すぐ戻す技術もちゃんと持っている。私が思うには、アメリカは「たられば文化」なので、何々すればこうなる、ってことを試したがる伝統があるんですよ。

木村　確かに、トランプが出した大統領令に違憲判決が相次ぎましたよね。とりあえずやってみて、そこから修正していく能力が高い。

新城　そういうのもありますね。中間選挙もあるし、州の独立性も強い。そういう意味では、システムがしっかりしている。

木村　二大政党だから、日本の民主党みたいなことにはならないですよね。

新城　ちゃんとギアがあって、でっかいアクセルがある一方、しっかりしたブレーキも付いているというのがアメリカの印象です。ものすごくアクセルを踏み込むけれど、ブレーキもやるしバックもする。そういうイメージですね。

木村　日本はその点、ブレーキが弱い代わりにアクセルも弱い。いったん流れができてしまったら、コントロールが効かない感じはありますよね。だから、スタートが超慎重になる。

新城　超慎重な代わりに変わらない。ゆっくり坂道を下っていくような感じがする。

木村　日米の違憲判決を比較すると、社会的多数派の偏見で通っちゃったような法律が結構あって、「アメリカって、そもそもこんな法案が議会を通るんだ。誰も止めずに？」みたいなところがある（笑）。最近は日本もちょっと怪しい法律が増えてきていますが、アメリカで違憲判決が出た法律を見ると、「日本だったらそもそも通らないだろうな」って思う法律も多いです。

新城　日本は「何かあったら裁判所で会おう」って文化ではないですからね。見えないところで静かにやる感じ。

木村　表に出てきたときには、勝負がついていることが多い。

新城　まあ、それがまたみんなのフラストレーションのもとになったりするわけですよね。

木村　ダメなものを表に出さないのは得意でも、表に出たものを直すのは難しいってことですね。

新城　日本は、学校にせよ会社にせよ、ダメなことを隠すのはうまい。もちろんアメリカにも隠す文化はあるんですけど。

木村　動き出したものは方向転換できない、止められないということだと、文科省が反対したのに止められなかった加計問題は、もはや修正が利かないってことになりそうですね。困ったな。

ちなみにアメリカ人は、表立って戦ったあと仲良くなれるんですか？

新城　決着はつくかもしれないですけども、感情的な整理がどうなるのかは、また別の問題ですよね。トランプ政権の支持者にもタイプが五つぐらいあるんですけど、その内の一つは、「ニクソン政権以来、とにかく民主党が嫌い」っていうタイプですから。半世紀近くも遺恨がある。

木村　水面下で何でも決めてしまう日本文化にも、「対立を表立たせない」っていう合理性があったということでしょうか。

新城　あくまでも程度問題ですけども。

条文通りに運用されるわけじゃない

木村　日本の最近の立法過程を見ていると、法案チェック機能が低下している印象があります。それは、各省庁が管轄する法案を練る段階、有識者や実務に詳しい専門家との議論を重ねる段階でも起こっているし、さらに、国会で法案を通すかどうか最終的に決める段階でも起こっている。国会審議はベータテストの場であるはずなのに、それが機能しなくなっていることには、危機感を覚えます。

新城　国会は、「プログラム設計」の機関ではなくて、「ベータ・テスト」の機関なんですか？

木村　法律をつくるプロセスは、プログラムを決める「法案作成」と、その法案内容をチェックして法律として成立させるかを決める「法案の議決」とがあります。「立法」とは厳密には、後者のことなんですね。もちろん、国会議員が中心となって法案をつくる議員立法もありますが、日本の場合は、内閣が提出する法案のほうが多いです。

国会は500人とかの大きな会議体なので、法案作成には向かない。法案作成は、十分な議論ができるぐらいに少数でやらないと、内容を詰められません。だから、内閣、あるいは、議員のグループなどがやっています。

国会は、いろいろな人が選ばれているという強みを生かして、出てきた議案について徹底的に審議するのが仕事です。最近の国会を見ていると、「こんなバグがありませんか」って野党が適切な指摘をしても、与党が強引にそのまま通してしまう傾向が出てきています。

新城　バグがあるかどうかは、実施しちゃったら、わかっちゃうわけですよね。そのあとはどうなるんですか？　裁判所に持ち込むわけですか？

木村　もちろん、裁判で憲法違反だと言われることもあります。ただ、日本の裁判所は法律ができただけでは、合憲性を審査しません。実際に法律が運用されて、「この法律によって不利益を受けた」という人が出てこないと、裁判所は判断を示さないんです。

それに、法律には「運用」という要素もあるので、しばらくは問題が表面化しなかったりする。与野党対決型法案にはよくあることですが、「書いてある通りには運用しない」ってことを前提に成立させている面もあります。

新城　法律の条文通りに運用しないんですか？

木村　安保法制にしても共謀罪にしても、条文だけ見ると、権力者がひどい使い方をできてしまうのは明らかです。そこで、野党議員だとか、参考人として呼ばれた専門家だとかが、「この条文は変じゃないですか？」って言うと、政府側は、「そういう使い方をする予定はございません」って答弁する。それでなぜか、法案に問題はないことになる。

たとえば、安保法制の議論を振り返ると、「これは戦争法案だ」と批判を受けた与党は、「ある種の戦争は必要だから、戦争法案が必要です」と説得するのではなくて、「戦争法案じゃない」とかわしていくんですよね。

新城 自分たちがその法律に基づいてやることは、戦争と呼ばれたくないという心理があるんですか？ 実際はどうか別として。

木村 そうそう。

新城 それはさっきの「まずいとこを隠すのがうまい」というのとちょっと近くて、「悪い名前で呼ばれないようにするテクニック」だけが進化しているってことですよね。

ということは、国民が痛い目に遭いたくないと思うなら、良い国にしたいと思うなら、国民の側が、国のごまかしテクニックの向上を超えるぐらいに賢くならなければならない。「賢くなる努力義務」が必要だということですね。

木村 問題は、「賢くなる努力義務」の実現方法が本当にあるのかということですよね。

新城 そこなんですよね。フランス革命による民主制の誕生と共に、「普遍的教育」ということが言われ始めて２００年。まだ進化の余地はあると思いますけれども。うーん、難しいなぁ。

わかり合えないことを前提につくる

木村　歴史をずっと見てきた新城さんからすると、「人間は賢くなった」という空気は感じるんですか？

新城　私も本で読んだ知識しかないのであれなんですけども、少なくともテクノロジーは、どんどん蓄積していきますよね。途中でちょっと暗黒時代とかありましたけど。たとえば紀元1年の日本と、2018年現在の日本とを比べれば、ふいに人が死ぬことは減ったし、一人当たりのカロリー消費も増えているし、少なくとも国内では最近戦争してないし、といったいろんな基準で見た場合、「2000年前よりはましだ」と言えるのは間違いない。

問題は、「いまここに住んでいる人一人ひとりが幸せになっているか」は、マクロで見たテクノロジーの進歩とは別問題だということです。いまここに住んでいる人は、前後数十年ぐらいしか気にしてないですから、その基準で見るとどうなるのかなというのは、まさにその人その人の世界観次第。人によっては「昭和に帰ろう」みたいに、数十年単位で帰りたがっている人もいるわけですから。その人その人の世界観で見た場合と、ざっくりマクロで見た場合はまた当然違ってきちゃう。

いまわれわれが直面しているのは、まさに個々人の世界観なり幸せが、リベラルデモクラシーの波乱要因となってしまうという事実です。そして、個々人の世界観を統一することが不可能である以上、少しでも被害が小さい範囲で収まるように、細かい工夫を重ねていくしかない。ドミノを並べるときに、途中で総崩れにならないよう、ストッパーを入れていくようなものです。

木村　民主主義が前提としている人間観は、「科学的な思考のできる人間」だったと思うんですよね。フェイクニュースを信じてしまう人が民主主義の担い手の半分を占めるという状況は、本来、想定されていないはずです。

新城　でも、「そういう人を排除したい」という発想を突き進めていくと、一気にファシズムになっちゃいますよね。

向こうはこっちのことを、「あんな奴らが」と思っているわけですし。人間の間にはそういう埋められないギャップがあるということを前提に、社会を組み立てるしかない。だから「今日生まれたこの子どもをどう教育するか」というのは、これまで人類が重ねてきた数千年、数万年の技術の蓄積とは別の話で、毎回毎回「この子ども」をなんとかしなきゃいけない。その過程で、もちろんいろんな発想や技法が出てきて、中には意見の合わない人が出てくる。問題は、トランプが出てきたときに、それがマクロな社会をぐわーっと揺り動かしたり、それこそ全人類をまた暗黒時代に引きずり戻したりしないようにするためには、どういうストッパーが必要かということですよね。

トランプ一人いる分には全然構わんわけですよ。ただ、彼が核ミサイルのボタンをもう握っているこの状況はちょっとヤバイぞと私は思う。逆にトランプ支持者は、「彼が核ミサイルのボタンを握っていることは素晴らしい」と思っているわけで。

それを前提に、少なくとも核ボタンを押させない方向にするにはどうしたらいいかを考えていくしかない。

「事実」さえ相対化される時代

木村　話を伺っていると、結局、テクノロジーは上がっても、人間の科学的な思考力は上がらないわけですね。公教育を通じて、人間の科学的思考力を上昇させるように、丁寧に対応していったところで、トランプ的な人は確実に一定数出てくると。

新城　彼らにしてみると、われわれのほうがフェイクニュースを信じている人たちなんです。

そして、こっちが向こうをどうにかしたいと思っているのと同じように、向こうもこっちをどうにかしたがっている。
だから、そういうときにどうやって会話を組み立てたらいいのかの技術、メタレベルの技術が必要かなと私は思うわけですね。
木村　その「メタレベルの技術」って、アカデミズムの感覚からすると、「客観的な事実を確定して、それベースに議論しましょう」ということだったのではないかと思うんです。それができないのだとしたら、つまり、「事実」までもが相対化されるとしたら、何をベースに議論が成立し得るのか。「メタレベルの技術」って、何をイメージしているんでしょうか。
新城　ゆっくり人の話を聞いてあげるということですよね。『蓬莱学園』の話でも出ましたけど、プレイヤーの数に対してマスターの数が少なすぎるという、まさにその問題に戻ってきてしまう。先ほどそこをＡＩで埋めるという案も出てきましたけど。
木村　それは、相互に議論する、話をかみ合わせるのではなくて、どっちかというと、うまくすれ違わせている感じしませんか？
新城　ただ、うまくすれ違わせるって、大事な技術ですよね。高速道路がうまくすれ違えるようにできていなかったら、もしも両側から１００台ずつブワーッと車が走ってきて、ドカーンとぶつかったら、大変じゃないですか？

木村　それはもちろんそうなんです。

ただ、トランプ支持者って、お門違いな攻撃をしているように思うんです。トランプ現象についての通説的な説明を受け入れたとして、つまり、経済のグローバル化により後進国が豊かになった分、先進国の一部のミドルクラスに相対的剥奪感があったとして、外国企業を攻撃したり、マイノリティを攻撃したりしたところで、自分の置かれた状況は何も改善するわけないじゃないですか？　ただ、周囲に嫌がらせをして、憂さを晴らしているだけで。

新城　でも当人たちにとっては、それは、何か筋道の通った世界観なわけですよ。

木村　でも、そういう見当違いな攻撃を許している間は、建設的な議論にならないですよね。

新城　だから私は、そういう人たちの世界観を理解できないまでも、分析したくなるんですよ。評価はしないけれど定義はする、と言いますか。たとえば、「どうやってトランプを支持するに彼らは至ったんだろう」と考えたり調べたりして、いま五つぐらいの類型に分析してみたり。

木村　５類型？

新城　第１は、さっき言ったように、ニクソン時代以来の民主党嫌い。第２は、「典型的」

トランプ支持者といわれがちな没落白人。実際には十分に経済的に恵まれている人も多いのですが、自分たちはこれまで見捨てられてきたと感じている人たち。第3は、単純な差別主義者。「黒人に人権はない」と本気で思っている人たちが、いまでもいるんです。第4は、革命を起こしたがっている人たち。日本だったら「御一新」という言葉で代表されるような、「すべてがバアーッと変わって、この世の天国が私の生きている間に来る。いや、来させよう」と思っている血圧の高い人たち。第5に、単なるカネの亡者。

だいたいこんな感じでトランプ支持者は分類できて、しかもどれが多数ということではない。だから、トランプ政権全体として見ると、3日ごとに政策が変わってるような感じがする。誰の意見がトランプの個人の耳に届くかで変わってくる。

木村 最初に言っていた、耳打ちする「茶坊主」ですね。

新城 世間的には、第2類型の没落白人あるいは没落を恐れている中間層がトランプの支持者じゃないかと言われてはいる。でも、それだけでないのは間違いないですね。政権内部の面子を見ても、それ以外の人たちもかなり入ってきていて、たぶんその中で当初、一番影響力があったのは、単純な差別主義者。保守的な勢力に非常にウケのいい最高裁人事も通っちゃいましたから。

自分がどうなるかは選べない？

木村　現状の分析としては、本当におっしゃる通りだと感じます。それを前提に、憲法の専門家として時々感じるのが、「リベラリズムの重要性についていくら説明したところで、それを理解しようとしない人が半分いる。努力は無駄なんじゃないか」という徒労感なんですよね。

民主主義の前提には、「理性的に考える人間像」があったはずなんです。ヨーロッパ型の議論では「公共」が強調されて、投票行動でも、自分の損得だけではなく、正義の観点から投票すべきだという感覚がある。だから、ドイツの「闘う民主主義」に代表されるように、自由の敵に自由は与えない。差別思想を持つ自由はないんです。

これに対して、アメリカ型の民主主義論は、どうせみんな自分勝手なんだ、優等生回答をしている奴らだって、「優等生っぽくありたい」っていう欲望を満たしているに過ぎず、差別主義者と何の違いもない。だから、数だけが正義なんだ。そういう話になるのかもしれない。

価値相対主義を超えて、「事実」まで相対化する現状にあって、ものすごいエネルギーを割いて、「そういう考え方はまずいですよ。そんな制度をつくったら、すべての人の自由がなくなりますよ。世界が崩れますよ」と対話を続ける。そんなことに意味があるんだろうかと、思うこともなくはありません。それでも、「何もしないよりは、何かをしたほうが、何かがましになるんじゃないか」と信じて、あるいは、自分自身に言い聞かせて、なんとか頑張るんですけれどね。

新城　『蓬莱学園』でも、「今月で世界が終わり」というときに、頑張る人は頑張るし、放火する人は放火しますから。あとは、結婚。

木村　社会に「頑張る型」「放火型」「結婚型」が一定割合で発生するとして、自分がどの型になるかは、選択可能なようで、案外選択できないのかもしれませんね。私は、「頑張る型」を自らの意思で選択するように、もともとプログラムされている。

新城　となると私は、そのどれでもない型で、前にもお話ししたように「世界が終わるときですら、ちょっと落ち着いてお茶でも飲もうとするタイプ」でありたいと願います（笑）。しかしそんな型は、ほとんどあり得なさそうなのが、自然人の哀しいところですが。

Ⅳ　物語に見る権力

善は負けるという世界観

新城　旅の仲間のリベラルデモクラシーな要素について、私も基本的には同意見なんですけども、あまり同意見の二人が「そうですね」って言って終わってもしょうがないので、「悪魔の代弁者」をやってみたいと思います。

　最初に思ったのが、旅の仲間と言いつつ、ガンダルフは途中でいなくなる不思議。こういうことって、リベラルデモクラシーに起こり得るのでしょうか。

木村　ガンダルフはキャラクターの中で突出した能力を持っているので、こういうタイプがいないことが、リベラルデモクラシーの前提なんじゃないですかね。

新城　それなら、最初からいなくてもよくないですか（笑）。

木村　そこはまさに、「最初から民主制だった国はない」ってやつじゃないですか?

新城　ああ、なるほど。リベラルデモクラシーになっていく過程を示していると。

木村　どこの近代国家も、君主制や帝政だったところから、やがて民衆が育って、デモクラシーになる。アメリカだって、最初は王政のイギリスの支配下にあって、そこから独立してできた国です。自己循環ですけど、「民主制を民主的につくることはできない」ということですよね。

新城　なるほど。だから、ガンダルフは、最初はいなきゃいけないけど、途中でいなくなる。なるほど。でも、仲間のいろんなあれこれの最後は「王の帰還」で終わるというのは、ちょっと皮肉だなぁと。

木村　確かにそうですね。

新城　中つ国のゴンドールもアルノールも、民主制国家じゃないですからね。これは『指輪物語』という作品をアレゴリーとして読むのか、「リベラルデモクラシーとは何だろう」と考えるダシに使うのかというスタンスの違いにもなってくるかと思うんですけども。トールキン自身はアレゴリーを嫌っていたと言われているので、「これはデモクラシーのこれを表現していて」みたいな読み込みをしすぎちゃうのも変かなぁと思いつつ。

木村　ファンとしてはよくわかります。

「王の帰還」の「王」って、指輪の破壊にもっとも直接貢献したフロドではなく、アラゴルンのことですよね。

新城　はい。アルノール王国が分裂・滅亡した後、王族の子孫としてエルロンドの館で養われていたアラゴルンが、旅の仲間になって、モルドールを倒す。そして北のアルノール王国と南のゴンドール王国を統一・再建するために帰ってくる。そういう意味での王の帰還です。

なんでそういう話になっているのかを、物語の外から説明すると、「トールキンが君主制支持者だったから」で終わっちゃう話なんですけども。

木村　王は元からいたのではなくて、帰ってくる形にしたかったのはなぜでしょう。

新城　トールキンの世界観では、あらゆる良いことは時の流れとともに失われていく、たとえ復活してもほんの一時期にすぎない。実はとっても悲しい世界観なんです。

木村　砂時計にさらさらと呑み込まれていくプロセスの中で、ささやかな幸せの瞬間を描いたと。

新城　その後のゲームの盛り上がりとか映画化のお陰で、世間的には「善と悪が戦って善が勝利する」みたいなイメージで『指輪物語』を捉えているかもしれませんが、実は、善は必ず負けるんですよ。勝つにしても一時的にしか勝たない。

「善は必ず負ける。それを人はどうにもできない」のを前提に、でも幸せがないわけじゃないというように捉えていたわけです。

「国民の総意」はフィクションの典型

木村　なるほど。いま、リベラルデモクラシーの文脈で『指輪物語』を読む私なりの解釈を思いつきました。

やっぱり「帰還」がポイントだと思うんですけれど、帰還型の王朝は正統性が弱いんですよ。アラゴルンが姿を現しても、最初はゴンドールの人たちは受け入れない。特に執政のデネソールなんかはあからさまに嫌がる。

新城　そうですね。「奴らは何か企んどる」みたいなことを言っている。デネソールはサウロンとの精神戦で病んでしまっていたせいでもあるのですが。

木村　そうですね。ただ、アラゴルンの正統性を疑うこと自体は、それだけで執政失格という感じでもなく、それなりに合理的な態度です。だから、アラゴルンが統一王国の王として帰還するには、偉業を達成していないといけない。

つまり、この物語は「王の権威もまた、偉業に依存している」ということを示していて、どっちかというと民主制の論理ですよね。

新城　おお、なるほど。

木村　民に認められるからこそ王である。さらに、偉業の背景には、リベラルな議論や多様な価値の協力がある。

新城　自分で話しながら、笑っておられますが。

木村　（笑）もちろん、いま思いついたこじつけなんですけど、結構いい話だなと。この構造って、日本の天皇にそっくりですよね。主権者国民の総意によって「日本の象徴」の地位にいる。

新城　総意ってどうやって測るんですかね。

木村　フィクションですよね。「国民」は「ここにペンがある」というのと同じ意味で存在するわけではありませんから。憲法学的には、「この憲法を決めたのは国民ですね。ということは、憲法に書かれたことは国民の総意ですよね」という非常にシンプルな説明になります。

新城　ということは、帝国憲法の大改正であるところの日本国憲法を決めた帝国議会が、国民の総意の代表者だからという論理ですか？

木村　ああ、その話ですか。その話は結構ややこしい話ですけども、どこから行くかな。ポイントは、「国民とは何か」ということです。国民というのは、「国籍を持った個々の人間」ではなくて、もっと抽象的な国民全員を示す人格なんです。

新城　それはもしかして、ルソーの一般意思の話みたいな感じですか？

木村　それに近いです。憲法制定権力としての「国民」は、新城カズマと幽霊とどっちに近いかと言われれば、幽霊に近い存在です。

「なぜ」の終着点が「主権者」

木村　「人格」というのは意思の帰属点としてフィクショナルに仮定されたものだという話をしましたが、意思の帰属点がない場合には、それは「自然現象」ということになります。そして、意思の帰属点になる「人格」には「自然人」と「法人」とがある。「国民」は、自然人ではなく法人の一種なんです。

日本国憲法が制定された瞬間、なぜかよくわからないんですが、「今後は『法人としての国民』が国家の最高意思である」という規範で行くことになった。だから、国民が憲法を制定したことになり、この憲法は国民の総意であるし、この憲法で認められた天皇の地位も国民の総意だということになった。

新城　「法人としての国民」というのは、自然人に辿り着かないし、自然現象にするのもちょっと嫌だなって思ったとき用のフォルダなんですか？

極端な話、「大自然の総意に基づいて、憲法を制定します」とは書けないんですかね。

木村　理論的にはあり得るのでしょうね。「歴史の必然だ」とか。日本国憲法の場合には、「自然現象にはせずに国民の意思として出した」ということですね。

新城　でもそれはあくまで法的なフィクションなわけですよね。日本国憲法を書いた瞬間に「日本国民」というのがジャジャーンと登場したわけではない。

木村　そうです。ちなみに、欽定憲法の明治憲法だって、「天皇がつくった」というフィクションです。別に天皇は条文書いてないですからね。

新城　そうか。「天皇の意思で」って書かなくても、「万世一系の天皇、これを統治す」というので十分だと。ちなみに、大日本帝国憲法の条文の「何々す」というのは、事実の記述なのか、それとも何らかの規範を書いたものなんですか？

木村　ちょっと入り組んでいるんですが、条文そのものは規範なんです。ただ、それが規範として成立するためには、事実が先に来るんですよ。

まず、「なぜかみんながこのルールに従っている」って事実がある。そこで、「なんでこのルールに従っているの？」と聞くと、「法律でそう定めたから」という答えになる。さらに、「なんで法律にそう定めたの？」と聞くと、「憲法でそう定めたから」という答えになる。さらにまた、「なんで憲法に従うの？」と聞くと、「天皇の御意思だから」という答えになる。

ここで、ほとんどの人の問いが止まるならば、「天皇主権の憲法」と認定されるんですね。この「なぜ」という問いが、「国民みんなで決めたから」という答えで止まるならば、「国民主権の憲法」になる。「それが自然だから」という答えで止まるならば、自然法論でしょう。

要するに、主権者とは、「なぜ？」を繰り返していったときの終着点なんです。

明治憲法の場合には、天皇の正統性が弱かったので、「天皇が決めたから」だと「なぜ？」が止まらない人も少なくない。そこで、「なぜ天皇に従わねばならないのか？」という問いに対して、「天皇は皇祖皇宗の神霊の権威を帯びた存在だから」と、天皇家の長い歴史と天照以来の現人神の歴史に根拠を求めています。

憲法の妥当性の根拠を聞いていったときに、だいたいの人が終着点とする答えのことを、「根本規範」というのですが、日本国憲法の根本規範は「国民が決めたことに従え」、明治憲法の根本規範は「皇祖皇宗の神霊の決めたることに従え」だったということです。

「旅の仲間」は共謀罪

新城　「だいたい」ということは、止まらないときもあるんですか？

木村　止まらない人は「アナーキスト」として常にその社会に一定数存在します。

新城　ああ、なるほどなるほど。

木村　日本国憲法に「押し付け憲法論」としてその正統性を否定する人がいるように、明治国家にはアナーキストたちがいた。

新城　それは非常に……哀しいぐらいおもしろい対比ですね。

木村　そうですね。『指輪物語』の場合、執政デネソール閣下には「王の帰還」が最初から許せない。ゴンドール王国の民の多くは、「なぜアラゴルンが王であるのか」と問われて、「ゴンドール王家の血を引くものである」という答えが出たところで問いが止まるはずなのに、デネソール閣下は止まらないわけですね。

　まさに押しつけ憲法論やアナーキストといっしょです。

新城　「押しつけ帰還論」が生まれてしまっていると。

木村　「国家の正統性を危うくする行為」とは、まさに「根本規範にさらなる問いかけを設定することが説得的な状態をつくること」なんですね。デネソールはサウロン閣下の影響下にあるわけですが、サウロン閣下はいろんな手練手管を使って、敵対する国家に揺さぶりをかけている。

新城　なるほど。サウロンやりますね。それはおもしろいな。

木村　で、アラゴルンは、自分が王であるという根本規範のさらなる探求を止めるには、やはりサウロン閣下を止めないといけないということで、指輪を捨てに行ったと。

新城　やあやあ、おもしろい（笑）。

木村　うまくまとまりましたか（笑）。まあ、アラゴルンは、自分で指輪を破壊するわけではなくて、フロドとゴクリにやらせるんですけどね。

新城　まあそこは、同じ旅の仲間なので。

木村　共謀共同正犯だから、いいですか。

新城　肝ですよね（笑）。いまだと共謀罪で捕まるんですか、あれは。

木村　サウロン閣下からしたら、指輪の破壊の話をしたところで、帝国の滅亡をもくろんでいるんですから全員共謀罪ですよ。

新城　そうですよね。法学的にあの物語を読み解くみたいなのも、おもしろいな。

私も自分なりにあれこれ調べて、おもしろいと思ったのが、指輪を捨てに行く旅の仲間9人は、実は二層構造になっているんです。エルロンドの前で「じゃ、行きます」と自由意思で参加したホビットのフロドと、魔法使いのガンダルフ、エルフのレゴラス、ドワーフのギムリ、人間のアラゴルン、ボロミア。それから、単に「フロドについていく」と言い出したホビットの3人、サムとピピンとメリー。

木村　フロドはエルロンドに選ばれたんでしたっけ？

新城　厳密に言うと、フロドは自分から選んだんです。ただ、御前会議の部分を日本文化に詳しい人間が読むと、すごい同調圧力がかかっている感じがします。フロドが「俺が行かなきゃいけないのかあ」みたいに手を挙げたら、みんなが「どうぞ、どうぞ、どうぞ」って。

もちろん、そこにはトールキンのカソリックとしての深い宗教的なものがあって、誰もそれを強いることはできないし、自由意思で地獄に向かって突っ込んでいく人間だけが世界を救えるのだ、もしくは救うことすらできないのだというのが、読み取れるわけなんですけど、日本人としては、同調圧力にしか見えない。

オルタナ右翼も実は真剣

新城　ちょっとそれはさておくとして、フロドが自分で手を挙げたあと、他のホビット3人は、「じゃあ、僕らも」って単についていく。エルロンドが許可する、しないというのは全然無視。エルロンドに「行かないほうがいいんじゃない?」って言われても、「いやいやいや」みたいな感じで飛び込んでいく。

木村　確かに2層構造ですね。

新城　エルロンドを無視した、単純この上ない「フロドについていく」欲求が、結果として中つ国そのものを救うことになってしまう。これは皮肉と言えば皮肉だし、人知を超えた何かが動いているみたいなものを、物語としては読めちゃうんですけども。

木村　この2層構造って、貴族院と衆議院みたいな感じですね。戦前の貴族院は皇族・華族などのほかに、内閣の輔弼《ほひつ》で天皇に任命される勅選議員がいた。これに対して、衆議院は、「俺がやる」と立候補して選挙で選ばれる。

どちらも民選化されたいまの国会議員にも、そういう面はあると思います。上品な二世議員って、自分からやりたくてやっているというよりは、「やるしかない」という部分がある。

世襲議員には、親の地盤を受け継いだだけで偉そうにする人もいますが、ポジティブな面もなくはない。強い政治的関心を持って育つのが難しいいまの日本では、もともと親が議員だったことによって、政治的意識が強くて、地盤の大切さもわかっていて、責任感もそれなりに育ってきた人材は貴重です。あるいは、弁護士や医師、学者、官僚などの出身で、専門的な知識を請われて議員になる人も、ある意味、貴族院的ですよね。

全部民選議員になったとしても、アメリカにも日本にも、貴族院的なものがミックスされるわけですが、それが『指輪物語』にもあるというのがおもしろいです。

新城　なるほど、おもしろいですね。

木村　旅の仲間の中では、ボロミアってちょっと異色ですよね。ちょっとオルタナ右翼の要素が感じられる。

新城　そうですか。オルタナ右翼の特徴って、この対談の流れだと「世界観を傷つける罪」をがっちり信じていて、自分の世界観を傷つけない情報しか受け付けない人間類型ですよね。アメリカのゲーム業界用語で言うと、マンチキンな人たち。ルールの隙を突いたり、不文律を無視したりというイメージはあります。あと相手の嫌がることをわざとやるとか。

木村　ボロミアって、そういう感じしませんか。

新城　うーん。もちろんボロミアは「指輪の魔力に負ける人間」として、かなり最初から設定はされているんですが、だからといって性根が腐っているとか、そういうわけではないですよね。

木村　いやいや、だからまさにオルタナ右翼もそうじゃないかと思うんです。

新城　ああ、なるほど。オルタナ右翼の性根については、結構難しいってことですね。

木村　必ずしも性悪なわけじゃなくて、かなりまじめにいろいろ考えている。ただ、どこかでずれてしまっただけ、という感じがするんです。

「最後に勝つのは我々」妄想

新城　最初は良かった人々と言えなくもないけれども、そうすると何の魔力に負けたんだろう。

木村　そうそう。オルタナ右翼って、「魔力に負けた人たち」に私も見えるんですよね。

新城　オルタナ右翼を一緒くたに語るのは避けたいのですが、トランプ支持者の5分類でいくと、カネの亡者以外の四つの類型のすべてに当てはまるのは、このパターンかなという気が、いま、ちょっとしました。

ネットで表に出てくるのは、世直し派が多いという印象はあるんです。「一気にひっくり返しちゃえ」という。なぜいまの世の中をひっくり返したいかというと、「リベラルは嫌いだ」とか、「昔は自分もリベラルだったけれど、途中でがらっと変わった」という人が多い。それこそ一番有名なオルタナ右翼と言えるかもしれないスティーブン・バノンは、確か２０01年の９・11の衝撃で、一気に転向した。「世の中なんとかしなきゃ。しかもリベラルじゃない方向に」みたいな感じに曲がった、という話は聞いています。それまでは、ハリウッド業界の周りでぶいぶい言わせている、ただのいい気なおっちゃんだったと。

木村　それってなんでしょうね。力に屈服しているのかな。

新城　力というより、９・11のことも含めて、ものすごい不安を受け止めきれなかったのかなぁという気がするんです。あのとき、アメリカ全体がすごく怯えていました。日本も例外ではないでしょうが、特にアメリカに関しては、本土のしかも経済的な首都を初めて直接攻撃された。彼らは、まさに初めての体験で、もうパニックに陥って、何をしていいかわからなくなってしまった。それで、全然関係ないイラクに攻め込んでしまった。

私があのとき考えたメタファーはこんな感じです。のび太のパンチが初めてジャイアンに当たってしまった。驚いたジャイアンは、隣のスネ夫に殴りかかった。

要するに、「敵を倒す、あの感じをまた味わいたい。そうじゃないと俺はもうやってられない」みたいなところまで追い込まれていたんだと思います。「怒り」とかではなく「不安」だったという感じはしますね。バノンもそれに呑み込まれて、その不安を解消するために「敵」を探して、敵を倒す「正義」になろうとしたのかなぁということですね。

木村　ボロミアって、「我々が指輪を使えば、何とかなるんじゃないか」って考える人でしたよね。完全なオルタナ右翼のメタファーじゃないですか？

新城　（笑）そう言えなくもない。

木村　サウロンって、自分たちには未体験の強烈な悪や力だったわけですよね。そういうものを見せられたときの反応として、「俺なら使いこなせる」って言うタイプは、よくいますよね。

新城　ただ、話の中のボロミアの設定としては、不安に負けたというよりも、「自分たちゴンドールの民ならば指輪を使いこなせる」という「自信」があったんだと思います。ゴンドールの民は、これまで人知れずサウロンの脅威を必死になって抑えてきた。モルドールとわれわれは何千年も戦ってきたんだという自負があるわけですよね。このところゴンドールは衰えてはきたけども、まだ頑張れるみたいな、目の前の敵に立ち向かう感のほうが強いかなという気がします。
そういう意味では、「ボロミアのようになりたいのがオルタナ右翼」と言えなくもない。そういうふうに「目の前の敵に屈さず、ずっと戦い続けて、最後にはわれわれが勝利するのだ」みたいな、そういう枠組みの中に入りたがっている人がいる。

木村　ほら、そこですよ、そこ。そういう人ほど呑まれやすいっていうことですよね。

新城　まあ、そういうことですよね。

木村　いや、なんか、正しい読み方な気がしてきました。

「強大な力」は使いこなせない

木村　憲法解釈をひとまず置くと、「政策的に集団的自衛権の行使を認めるべきか」という問いを立てたとき、「先進国の責任として、世界の安全保障に軍事力で貢献すべきではないか」という議論は、確かにあり得るんです。ただ、日本は、過去に軍部の暴走を許した、軍事権のコントロールに失敗した過去がある。そしていまも、「法の支配」の価値が軽んじられていて、「法律論よりも現実を見ろ」と、法律を無視して突っ走ろうとする。本来なら、本当に政策的に必要なことは、国民的な議論をして、新たな法律をつくればいいはずなんですが、それをすっ飛ばそうとする。これでは、軍事権という強大な力を使いこなせるはずないと思うんですよね。

共謀罪も同じなんです。確かに、共謀そのものを犯罪化し、強力な捜査手段をとれるようにすれば、あらゆる犯罪の捜査が容易になるでしょう。でも、その捜査権限はあまりに強大すぎて、政府に批判的な人をすべて逮捕するような使い方ができてしまう。

オルタナ右翼の人たちって、自分が使いこなせなかった場合のことを考えずに、ともかく強大な力を欲しがるんですよね。

新城（笑）まあね。トールキンの世界の中では、あらゆる力は堕落することになっておるんで、なかなかうまくいかんわけですよ。

木村ただ、ボロミアの反応って、極めて人間的というか説得力のある反応だとは思う。逆に、「なんで他の連中が呑まれないのか」ということを、考えたほうがいいですよね。

新城もし現代の商業的な小説家がこういう設定で物語を書くとしたら、ボロミアだけじゃなくて、他のキャラも多少はこの力に心が揺れるエピソードが欲しくなるとこなんですよね。でもそこはなし。ガンダルフもガラドリエルもエルロンドも、もらう以前にそもそも拒否している感じで。

「指輪の力」は結局わからない

木村　すごい力を前に心が揺れないって、不思議ですよね。
　不思議と言えば、そもそも「指輪で何ができるのか」もよくわからない。「すごい力が秘められている」という描写でみんな納得するんですけど、使うとどうなるのかという描写が、全編通してまったくないんですね。

新城　はい。そこは批判的な読み手の人たちが割といるところです。

木村　私は、そこにはまったく批判的じゃなくて、むしろそれが凄みを発揮していると思います。

新城　私もそうなので、「これこそが味わいだ」と思いますけれど、批判の標的になりがちなところですね。全編通して読んでも、ガンダルフとエルロンドが「怖いぞ、怖いぞ、怖いぞ」と言っているだけですから。

木村　映画版で、「指輪を付けたサウロン」という勇気ある描写はありますけれど。ああいうものでもないだろうみたいなね。

新城　この世の力として指輪を描いたら、そりゃマニアは怒りますよね。ただ、一般の人に非常にわかりやすい。

木村　『指輪物語』をゲームにするとしたら、レゴラスやアラゴルンをキャラクターとしてデザインすることはできそうです。でも、この指輪をデザインしようと思うと難しい。

新城　「ダイスの振り直しができる」とか、ルールのレベルでは表現できるかもしれないですけども。ダイスを振り直すたびに、指輪を使用したキャラのイラストが段階的に消されてゆくとかって表現にならざるを得ないんですよね。

木村　なるほど（笑）。もうちょっと盛って、「みんなが6面ダイスを振っているところで、自分だけ100面ダイスを振ります」みたいな感じはどうですか？

新城　そうですね。「他の人が振ったダイスをちょっと変えられる」とか。『指輪物語』を読んでいると、現実世界で言うところの物理法則そのものに介入できる力があるっぽいんですね。ただ、あまりにもふわーんとした書き方なんで、本を読んだだけではわからない。

草稿集とか『シルマリルの物語』（シルマリルという宝玉をめぐる、エルフや人間と諸悪の根源モルゴスの物語）とか、未発表のエッセイとかを調べていくと、トールキンがどんな設定をしていたかがいろいろと出てくる。それは非常に宗教的な分析がなされていて、「この世の権力はすべて堕落する。指輪はそれを加速するものなのだ」みたいなことが書かれています。

木村　なるほど。でも、『指輪物語』を読んでも全然わからない。だから、ボロミアがどれくらいわかっているのかもよくわからなかったんですよ。

新城　ああ、なるほど。エルロンドとガンダルフは「使いこなせないぞ、使いこなせないぞ」って言っているけれど、なぜ使いこなせないのか、地の文の描写はないですからね。

木村　読者から見ると、エルロンドとガンダルフの台詞が、ほぼ地の文として入ってくる。

新城　そうそう。だからそこを素直に呑めちゃった人は『指輪物語』を好きになる。そうじゃない人は、引っかかるところだろうなというのはありますね。

これもまた、いまの商業作家だったら、使いこなせなかった描写みたいのを最後に入れるんでしょうけれど。

木村　そうか。「指輪を拒否する」という行動の意味もよくわからないようになっているんだ。だから「レゴラスとギムリがなんで拒否できたか」を考えたいんですよね。

新城　拒否どころか、手出しすらしない。

木村　「ボロミアはオルタナ右翼だ」と置いてみると、逆に「なぜオルタナ右翼にならない人がいるのか」という問いが出てくる。読んでいるときには、ギムリたちの行動が不自然には見えないんですけれど。

左右は端っこでつながっている

木村　あっ、ここで、外部の声が聞こえてきました。この対談は、本の世界としては私と新城さんしか登場しない設定なんですけど、そりゃ、当然、本がつくられる現場には私たち以外の人もいるんですよね。前にもちょっと、編集者さんが登場したりしましたが。

外部の声によると、私は「畏れを知らない愚か者だ」とのことです。「普通の人は、畏れ多いから手を出さないだろう」って。

新城　ああ、「エルロンド様が言っているからには、従いましょう」になっちゃうわけですね、普通の人たちはね（笑）。

木村　確かに。そういえば、裁判員裁判を始めるときにも、「人を裁くなんて大それたことはできない」っていう人が多いようですから。

ということは、「なんでボロミア以外の人は、指輪を使いこなそうとしないのか」と疑問を持ってしまう私たちにこそ、オルタナ右翼的なところがあるということですかね。

新城　というか、何か前提をどーんと出されたときに、その裏側とか下側とかを吟味したくなるのが、われわれの性分だと思うんですよね。普通の人なら、「ははー」でおしまいなところなのに。

木村　確かに、私らが会議にいたら、「ガンダルフ先生、これを使うとどうなるんですか？」って言いだしますよね。

新城　そうそう。ちょっとツッコミを入れたくなると思いますよね。「ほんとなの？」みたいな。われわれが近代に毒されすぎているのかもしれないですけども、近代はツッコミを入れる文化ですから。

木村　確かに、近代とはツッコミを入れる文化ですね。

でも、「畏れるべきものに近代的にツッコミを入れると、オルタナ右翼になっちゃう」って新しい発見ですね。

新城　そうですね。オルタナ右翼とかネオコンと言われている人たちも、経歴を辿っていくと、元は左翼だったりする。があーっと左に行きすぎちゃって、そのまままくるーんと右に行ってしまうような感じはあります。

そもそも右左というのは、直線じゃなくてU字型になっていると私は思うんです。U字の一番てっぺんは、右にしても左にしても「いますぐ世直し」という人たち。両者は、対立しているようで案外近いところがある。戦前の日本でも、左右の一番極端な人たちに相通ずるものがあったというのは聞くんですけどね。

木村 妥協を許さないまじめさはありますよね。

新城 近代的なツッコミは必要なんだけれど、「ゆっくり行こうよ」みたいな、のんびり感がないと、人はオルタナ右翼になってしまうのかもしれない。

もちろん、権威は一応疑ってみないといかんので、畏れを知りすぎるのもどうかとは思いますけども。

〝立派な王の統治〟が理想？

木村 確かに。ちなみに、『指輪物語』の「畏れを知る人」と「畏れを知らない人」の2層構造について、新城さんはどういうふうに理解されていますか？

新城 私は「トールキンがどうやって最終バージョンに辿り着いたのか」に興味があるので、やっぱり「トールキン自身の感性や経験がすごく影響しているんだろうなぁ」みたいに読んじゃうんですよね。この作品そのものの読み方としては、ちょっと邪道なんですけども。

まず、ホビットは種族として割と指輪に対する耐性があるらしいということをガンダルフが言っている。実際に、指輪を滅びの山に捨てに行ったのは、フロドとサムの二人のホビットだけです。ゴクリだってホビット族の支族の出身なんですよね。

エルフと魔法使いは、「指輪をあげますよ」って言われたときに拒否できるぐらいの強さ。ホビットは、指輪に直に接したのに、それを捨てられるぐらいのさらなる強さ。もちろん上には上がいて、指輪の魔力に影響されないトム・ボンバディルという謎のキャラもいるんですが、現実的な種族としては、ホビットが一番指輪の魔力に対して強い。これに対して、人間は魔力への耐性がない。ボロミアは指輪の魔力に負けた典型ですが、アラゴルンぐらいの血統の良さがあって、ようやく拒否できる程度。

こうやって見てみると、「大地の生活に密着していればいるほど、指輪に対しては強くなる」というのがトールキンのイメージなんじゃないかと思います。「邪悪に勝てる力」は、生活の中から、おそらくイングランドという土地から来る。

その一方で、「世界全体の救済・恩寵」は西の彼方のそのまた外にいる唯一神イルーヴァタールからしか来ない。このへんは、カソリックとしてのトールキンと、イングランド人としてのトールキンが、必死になって自分の中のバランスをとろうとしてできあがった設定かなと、私自身は解釈しているんです。

木村　なるほど。土地との結びつきが弱まれば弱まるほど、外在的な力には弱くなる。そういうモチーフとして理解できるんですね。

新城　こう考えたときに、ドワーフがどこに位置するかがちょっと疑問になります。ギムリが誘惑されるシーンはないので、人間よりは指輪の魔力に強いのかもしれない。さらには、指輪に関心がないぐらい、つまりトム・ボンバディルに近くて、ホビットよりも耐性が強いのかもしれない。ただ、ドワーフには「黄金への欲望が大きすぎる」という別の弱点があるので、そこでプラマイゼロだなというぐらいな感じにはなっているんですけどね。

木村　土地との結びつきにしろ、黄金への執着にしろ、身の回りに大事なものを持っている人ほど、「一つの力」には強いと。それは、ネトウヨとかオルタナ右翼についても言えることですもんね。

新城　そうなんですよ。社会的関係が強ければ、身近に話を聞いてくれる人がいて、そうそう極論には走らない。

ちなみに、マニアの間では割と有名なんですが、トールキンは書簡で、「私自身は非立憲的君主制の支持者である」みたいなことを言っているんです。

木村　まさに「非立憲的」って言っているんですか？

新城　“unconstitutional monarchist”って言っているんです。
木村　非立憲的な王党派、王権に制約をかけるなと。
新城　それが理想だと。ただ、同時に、「現実の君主はそんないい人いないしな」とも言っている。だから、実現は難しいとわかっているけれど、理想は立派な王による自由な統治だ、と考えている。
　トールキンは、自分はほとんどアナーキストだみたいなことまで言っていて、制度的な何かがもう大嫌いなんです。

ロマン主義の危うさ

木村　でも、王制って、制度の最たるものですよね。
新城　だから、本当に好きだったのは「王制」じゃなくて、王だけが剥き出しにぽーんといる状態。ものすごいドリームを語っちゃっているわけです。ただ、実際の作品として出てくるときには、そこまでぶっ飛んでない。割と丸くなっているなぁというのが私の印象です。
　ともかく制度嫌いで、『指輪物語』で成功したあとには、「税金が取られるのが嫌だ」とかまで書いている。結構いいおっちゃんだなぁと思いながら書簡を読むんですけれど。

木村　それは知らなかった。結構危ないおっさんだったんですね（笑）。

新城　でも、「19世紀に生まれた人はこんな感じかな」みたいなところもありますけれどね。

木村　なるほど。19世紀と言えば、日本では大日本帝国のころなんだから、そういうメンタリティも当然あり得ますね。アナーキストも確かにたくさんいた。

新城　トールキンは、リベラルデモクラシーが花開いていく20世紀をずうっと生きて、しかも世界大戦を2度も経験している。つまり、「王制のほうがいいに決まっている」と思いつつ、「リベラルデモクラシーのお陰でナチスを倒せた」という歴史も見ている。王制がいいと思っているのに、彼が残した『指輪物語』には、リベラルデモクラシーの大事さみたいのが読み取れる。これって非常におもしろいと思うんです。

さらに、オルタナ右翼は『指輪物語』を「トランプ支持のための教科書」として読むんでしょうから、それもまたすごいことですけれど。

木村　いや、でもトランプは人徳が足りないですよね。トールキンの言っている王制って、「王様が好き勝手にして良い」っていうものではなくて、「良い王様が適切に統治する」っていうタイプの徳治主義でしょうから。

新城　もちろんそうです。でも、オルタナ右翼は選択的に情報を摂取するので、私たちとは別のものを読み取っている。リベラルデモクラシーの良さではなく、「世界を支配しているものに対抗して勝つことの素晴らしさ」みたいなメッセージを読んでいるのかもしれません。

木村　それは、「ポリティカル・コレクトネスが不当に人々を抑圧しているから、そこからトランプが人々を解放しているんだ」みたいな物語ってことですかね。

新城　そうかもしれません。さらに、人によっては「モルドールの側がいい」、「『スター・ウォーズ』は帝国側が正しい」って言っていますけど。

私に無限の時間があったなら、オルタナ右翼の一人ひとりの話を聞いてあげたいなと思いますけども、あいにく時間は無限にはないので。

木村　確かにそうですね。占い師ＡＩの開発が待たれるところです。

でも、オルタナ右翼の人たちって、「モルドールや帝国の世界制覇が不可能である」とは思わないんですかね。トールキンは非立憲的君主制を理想としつつ、それが不可能であることを理解していたのに。

新城　中つ国ですら、普通の“monarchy”（君主制）は成立しないという世界観ですからね。

日本で言うと、たぶん宮崎駿監督は、これに近い世界観を持っていそうです。インタビューとかでは、「人間はもうダメだ。文明は一遍さらに戻すべきだ」とか、ムチャクチャなことを言っているけれど、作品では「素敵なマンガ映画」を世に出している。

木村　敗北が不可避でも己を賭けるロマン主義ですか？

新城　「敗北が不可避でも己を賭けるに値する戦いがある」というのは、非常に感動的なんです。でも、現実社会をコントロールするために、これをフィクション経由でうまく使うと、ゼロ戦の特攻隊を送り出すことにもつながってしまう。つまり、太平洋戦争に負けるとわかっていて、合理的に考えれば条件講和もしくは無条件講和の話をせにゃいかんときに、「まだまだ大和魂で一矢報いるぞ」みたいな話がびゅーっと出てきてしまう。

ロマン主義は使い方によっては結構危ないし、トールキンの『指輪物語』あるいは『シルマリルの物語』の中には、それが結構たっぷり入っているのではないかと思います。

権力は「見えない」から強い

木村　なるほど。そうなると、『指輪物語』の成功は「相手がサウロンだ」っていうのがカギかもしれないですね。人間同士の戦いではない。

新城　そうそう、そこなんです。

木村　私は、『指輪物語』を読んでいると、災害と戦っているような感じがするんです。災害に対しては、講和交渉もしようがない。サウロンという災害のパワハラに呑まれてしまう、すべてを諦めてしまう心の弱さには勝たなきゃいけない。そういう物語に見えます。

新城　サウロンは自然災害だという話を聞いて、思い出したことがあります。

トールキンの物語の中では、サウロンよりも、もっと邪悪な奴＝モルゴスが設定されているんです。２代目のサウロンは自分のパワーを指輪にぎゅうーっと集中させたものだから、指輪を失ったり壊されたりすると、ダメになってしまう。でも、それ以前の悪役であるモルゴスは、中つ国を含めたこの世界がつくられた瞬間から、自分自身の邪悪さ傲慢さを、世界全体にふわふわーっと拡散させた。トールキンはこれを「世界を乱した」と表現しています。

要するに、世界全体がある種モルゴス菌に汚染されてしまっているので、世界を楽園に戻すことはできない。あとは腐敗し堕落するしかない。最後の戦いによってこの世界が終わり、唯一神イルーヴァタールが次の世界をつくるときまで、この堕落は終わらない。そういう世界観なんです。

そういう意味では、モルゴスは自然現象と言えなくもないですね。

木村　これはまたすごい話ですね。邪悪にも二つのパターンがあると。ちなみに、サウロン閣下とモルゴス陛下はどういう関係にあるんでしたっけ？

新城　モルゴスは、もともとは神々の王マンウェの兄弟だったのですが、自分の能力を悪用してマンウェの領国を侵し、逃走した。そしてモルゴスの第一の部下がのちのサウロンという位置関係。モルゴスが最初に反乱というか唯一神から離反したときに、ついて行った大天使の一人がサウロンという感じですね。

木村　サウロンは指輪にパワーを集中させる戦略をとった。つまり、自分自身の存在・力を見せることによって、相手にパワハラするタイプということですね。

新城　ああ、なるほど。実体がありますからね。

木村　これに対してモルゴスは、人の心に入り込むことによってパワハラをする。悪の側の支配戦略として、存在を意識させたほうがいいのか、意識させないほうがいいのか。

新城　モルゴスは、姿を見せないと同時に、ありとあらゆるところにそこはかとなく遍在している。もちろん、それによってモルゴス自身は弱くなってしまい、最後にいきなりマンウェたちの軍勢にやられちゃうんですけども、彼自身が滅んでも、彼自身の意図は生き続ける。『ジョジョの奇妙な冒険』に出てくる、死んだ後も生きているスタンドみたいな、非常に面倒くさいタイプなんですけど。

木村　そうか。これは大澤真幸さんの言葉で言うと「抽象身体」と「具象身体」みたいなやつですね。

新城　「王の二つの体」の話ですか？

木村　大澤さんが「王の二つの体」とかから影響を受けつつ発展させた概念なんですが、中世においては、「王の体が突出した身体である」ということが支配の重大な条件だった。肉体的に魅力的であるとか、豪奢な服を着ていること自体が、支配の源泉になっていたわけです。

新城　ページェントで見せたりとかも。

木村　なるほど。そういうこともありますね。服従させるためには、王がいかに突出しているかを見せる必要がある。

でも、現代の支配者は、とりたてて立派な服を着るわけではない。これが何を意味するかというと、支配にとって具体的な身体に意味はない、抽象身体として支配を及ぼしているということだろうと。近代の特徴と言えば、パノプティコン、つまり、権力が見えないほうがより支配を強化できることです。

新城　受刑者の側からは監視員が見えないけれども、監視員からは受刑者が見える状態にある。監視員の姿が見えれば、そのときだけ模範的に過ごせばいいのだけれど、監視員の姿が見えないせいで、受刑者にとっては常に監視されているのと同程度の支配が及ぶという構図ですね。

木村 そう、それによく似ていると思うんです。サウロンは見える権力で、モルゴスは見えない権力。モルゴスの権力から離れるほうが難しい。

新城 姿を見せずに力を行使するって、昔だったら王侯貴族にしかできなかったわけですよね。でも、現代社会では、普通の人がツイッターなり何なりで気軽にできるようになっているように思います。世界中のネット・トロルたちは、匿名で何かを攻撃しては、姿を消して去っていく。

木村 確かに「自分の声を届ける」ということ自体が、昔は王の特権的な能力だったわけですね。

「不合理な特攻」と「敗北が不可避でも己を賭けるロマン主義」とを分けるのは、やはり、戦う相手の性質のような気がします。具体的な人なり国なりを敵として戦うと、「不合理な特攻」やファシズムになってしまう。でも、自然現象としての人間の悪、人間の中に遍在する悪との戦いは、自分にも備わった悪との戦いですから、敗北が不可避でも戦わざるを得ない。

新城　そうですね。そう読むことで、ロマン主義はぎりぎり踏みとどまれるんだと思うんですよ。敵の設定を間違えると、現実でもフィクションでも、悲惨なことになってしまう。

思想と現実のバランス

木村　この辺りで、トールキンの政治哲学の話にちょっと戻りたいんですけど、先ほどトールキンは土地との結びつきを大事にするアナーキストだったとおっしゃっていましたよね。

新城　はい。「愛郷的アナーキズム」と自分の中では呼んでいるんですが、彼は「大英帝国」という言葉は嫌いでしょうがなかったのに、イングランドは好きなんですね。特にイングランドの中の自分の生まれたウェスト・ミッドランドあたりは大好き。

木村　それはよくわかります。ホビット庄の描写はすごく楽しそうなのに、ゴンドールの首都ミナス・ティリスの生活は楽しそうに書いてないんですよね。

新城　戦時中のロンドンのイメージがありますよね。あの描写を見ていると、現実社会や政治への透徹した諦観あるいは拒絶感覚を感じます。

木村　そうか。でもトールキンは、現実社会では結構立派な社会的地位を築いている。どうやって折り合いをつけていたのでしょうか？

新城　そう、そこなんですよ。制度が嫌い、嫌いと言いつつ、彼はオックスフォード大学のちゃんとした言語学の教授でもある。

木村　制度の権化ですよね。

新城　年表とかを見ていると、学会の集まりの話も結構出てくる。オックスフォード大学の古典研究の火を絶やさないように、政治的な振る舞いをしたりとか、頑張って出席して意見を言ったりとか。その辺を、アナーキストとしての彼自身はどうバランスを取っていたのか。あるいはその不満が『指輪物語』や手紙の中に溢れかえっているのか。想像するしかないんですけども。

木村　学者って、「理屈では、あるいは、学問的にはこうあるべき」といろいろラディカルなことを言うけれども、現実社会ではあれもこれも甘受するという面はありますよね。ちょっと気になるのは、トールキンの愛郷的アナーキズムは本当にアナーキズムなんでしょうか？

新城　本人は、アナーキズムと表現しています。「トップなしの、ぼわーんとした平等主義」みたいなことだと思うんですけども。

木村　「スモールユニット同士の結びつきがあればよく、国家はいらない」という世界観。

言ってみれば、超コミュニタリアンということですよね。

新城　ああ、そうですね。実際「ホビット庄の税金制度ってどうなっているんだろう」みたいなことは、よくマニアが問題にしますけども。

木村　あの描写を読む限り、ホビット庄で治安活動はできないですからね。税制度はどうなっているとお考えですか？

新城　いやあ、そこを追及し始めると夢が壊れてしまうので、あまりやらないようにはしているんです。架空の世界をつくったときに、「ここはどうなってるんだ」って細かくツッコミ始めると、だんだん気持ちがＳＦ的になっていっちゃうんですよ。ファンタジーでそれをやるのはちょっと違うなぁと思って。「ホビット庄が成立するためには、ホビットはみんな善人じゃなきゃいかんのかなぁ」という辺りでとどめていますね。

木村　でも、詐欺師はいますよね。

新城　そうですね。多少根性のねじ曲がった奴とか、サウロンの手下と組んで密輸に手を染めたロソ・サックヴィル＝バギンズのように、悪に引きずり込まれてしまう奴も確かにいます。ただ、普段は害が少ないというか、酒場でクダ巻いているぐらいのホビットしか出てこないんですよね。少なくとも『指輪物語』本体のレベルでは。

木村　そうか。治安を気にするほどもないぐらいのコミュニティなんですね。

新城　そうですね。いちおう、市長が郵便局長と警察署長のようなものを兼ねているようですが、警察って言っても家畜番とかよそ者が入って来るのを見張るぐらいのことしかしていない。市長の仕事は祝祭日の宴会を仕切ることぐらいしかなかったようなので、「名誉職なんじゃや？」みたいな噂はありますけど。

崩壊は先延ばししかない

木村　なるほど。ここから何を読み取るべきなんでしょうね。愛郷的アナーキズムの可能性を見て取るんでしょうか。

新城　もしくは、「それを現実世界で成立させるには、みんなホビットにならなきゃいけない。でもそれは無理でしょう」という諦めかもしれないですけども。

木村　厭世観ですね。

新城　だからホビット庄は、トールキンの夢というか究極の素晴らしい場所であることは間違いない。

木村　経済成長ゼロ％ですよね、きっと。何も新しくならない。

新城　そう、でしょうね。時々疫病が来て、人口が減ることもあるようですが、そこから回復するぐらいの力はあるようです。

　ホビット庄は、まさに牧歌的な世界なんだけども、なぜかタバコと郵便局はある。さらに『ホビット』の終盤の描写によると、ちゃんと時計が壁に掛かっていたりして、高度な技術もあるはずなんです。もっとも、そういう話はしないことにして、次の版から消えているけれど。

木村　時計がある。

新城　壁に時計が掛かっているイラストがあるんですよ。トールキン直筆の。

木村　時計があるっていうのは、大したもんですよね。

新城　ほんとに19世紀末のプチブル生活そのままなんですね。心地好い穴倉のような家があって、タバコ吹かせて手紙が時々届いて、でもそれ以上のものは何もない。イメージとしてはすごく腑に落ちて、「ああ、楽しそうな生活だなぁ」って思う。

　それをトールキンが現実に再現しようとしなかったところが、人間として素晴らしいなと思うんですよね。自分の書いた小説を再現しようとして、不思議な活動を始める作家が歴史上何人かいるので。そこは宮崎駿監督と似ているところがある。宮崎監督は、ジブリ美術館はつくりはしたけども、そこから先の政治的な方向には行かなかった。「原発の電気は嫌だ」と宣言するぐらいなところで踏みとどまっている。

木村 そうですね。人間に幻滅しながら踏みとどまっている感じは、近いんですね。

新城 「世界は汚されていて、人々にはそれを抜本的に解決する力はない、神を待つしかない」というのは、非常にカトリック的な世界観だと思います。人々にできるのは、悪に完全に支配されるのを先延ばしできるだけだという感覚。

木村 そういう視点で見ると、『指輪物語』の構造がよくわかりますよね。先延ばしにすぎないとしても、サウロンのような悪い人が現に出たら、戦わねばならないという世界観。抜本的な解決ができなくとも、できることをやっていくしかないんですね。

新城　「『指輪物語』は第二次世界大戦を採り入れた」とか「第二次世界大戦のメタファーとして書かれた」と言われることがあります。これにトールキンは怒るわけですけども、実際に草稿集を研究すると、現実が起こる前に『指輪物語』の話はほとんど決まっているんですね。むしろ「現実のほうが『指輪物語』を追っかけて模倣したんじゃないか」と言えちゃうぐらい。

なぜそんなことになったのかと言うと、もちろん『指輪物語』が素晴らしい作品だからっていうこともあるとは思います。ただそれ以上に重要なのは、トールキンは『指輪物語』を書くときに、第一次世界大戦について徹底的に考えているってことなんです。「第一次世界大戦で受けた自分の傷、世界の傷をどうやって癒したらいいか？　どう表現したらいいのか？」という問いから出てきたのが『指輪』だった。

つまり、「第一次世界大戦の結果に対しての回答」という意味では、第二次世界大戦と『指輪物語』って兄弟みたいなものなんですね。『指輪』のほうは、「ああならないために、どうしたらいいのか?」と一人の人間が悩んだ結果。第二次世界大戦のほうは、「ああならないために、どうしたらいいのか?」と世界中の国のいろんな人が考えた結果。そうすると、展開が似るのは必然だよなぁと、思います。

だから、フィクションには、現実をあとからどうこうすることはできないかもしれないけど、実は、先回りして同じ苦しみを見せることぐらいはできるかもしれない。それが現実に何の役に立つのかは、またちょっと別問題なんですが。

木村 いやいや、すごく役に立つような気がします。

新城 役に立ってくれればいいんですけども。ただ、あんまり役に立ちすぎると、つまり、フィクションに基づいて現実を動かそうとすると、それこそフェイクニュースに接近してしまうので気を付けないといけない。フィクションの取り扱いは、考えたほうがいいと思います。

木村 そう言われたところで持ち出すのも恐縮ですが、新城さんの「書物を燃やす者たちは、いずれ人をも燃やすだろう」(『ダ・ヴィンチ』2014年10月号、KADOKAWA)という短編は、いまの時代状況を考える上で、とても示唆的でした。

　タイトルそのものは有名なハイネの戯曲からで、物語としては、１９３３年にナチスが反ドイツ的な書物を広場で燃やすという暴挙に出た際、自分の本が焼かれる現場を見に行ったケストナーの時代と、21世紀の日本が交互に描かれています。是非皆さんにも読んでいただきたいのですが、恥ずかしながら、私自身はこの短編に刺激されて、atプラスで「憲法を燃やす者たちは、いずれ国をも燃やすだろう」（『集団的自衛権はなぜ違憲なのか』所収）という評論文を書いています。

　この短編が生まれたきっかけはどのようなものだったんですか？

新城　ケストナーの作品は私も子どものころから大好きで、最近も読んでいます。だから、「ケストナーの本が燃やされた」という事実自体は知っていて、ずっと気になってはいました。ただ、ちゃんと調べる時間を持てないままでいたところ、「ダ・ヴィンチ」さんから「本についての短編を書いてください」っていう依頼を受けたんです。

　これはチャンスかもしれないと思って、改めて調べ直したら、どうも本人がその燃やすところを見に行ったらしいとわかった。それで「何じゃこの人は」と思ってさらに調べていったら、いろいろおもしろい事実が出てきたので書いたという感じです。

「最近の世界の動きがナチスのときと似ている」みたいなことは、もちろん皆さん感じられているだろうとは思います。それに加えて、「書物って何で燃やされちゃうんだろう?」とか、「なぜ権力は本を憎むことがあるんだろう?」みたいなことをいろいろ考えながらあの短編を書いたわけですが、おかげさまであちこちで好評をいただいているというところですね。

木村　そういう問いって、憲法学的には「文学や学問は、時の権力者への批判を含むことが多い。権力者は不都合な言説を排除して、国民を管理したがる。よって、表現の自由や学問の自由を憲法で保障し、国家権力の濫用を防がなければならない」っていう、無味乾燥な説明になってしまうんですよね。

この短い説明の背景には、ナチスのこの事件も含めた、様々な言論弾圧や思想統制の歴史があるわけですが、それを肌感覚として伝えるのは難しく感じるときがあります。でも、この短編は、そうしたことをすんなりと伝えられてしまう。そういう意味では、中途半端に大学の講義を黙って聞いているよりも、優れた小説をちゃんと読みこんだほうがいいんじゃないかと思うことがよくあります。

しかも、2014年に新城さんが短編で書いた世界が、現実になっている。フィクションが未来を示していたわけですよね。

新城　まさかこんなに早く、短編に書いたことが現実的な課題として迫ってくるとは、書いた当時は全然夢にも思わなかったんですけども。あれからBrexitはあるわ、トランプ氏は大統領に当選するわで、あまりのスピードにこの先どうしたものかと戸惑っている部分もありますけれども。

木村　トールキンの魅力についてはいろいろ伺いましたが、ケストナーについてもちょっと伺いたいと思います。ケストナーはドイツ生まれの作家で、1899年に生まれて1974年に亡くなっている。1892年生まれのトールキンとは、ほぼ同じ時代を生きた人ということになります。

娘はケストナーの文学全集を一通り読んでいるので、「ケストナーの何が偉いのか?」と、聞いてみたことがあるんです。そうしたら、「先生が説教くさくないところ」と言っていました。

私も新城さんとの対談に備えて改めて『飛ぶ教室』を読み返してみたのですが、確かに、ケストナー作品に出てくる学校の先生は、みんなとても魅力的です。学校の先生というと、どうしても説教くさかったりして、児童文学では悪役になりがちです。あるいは、無理やり良い先生の設定にしようとすると、学校の秩序を無視しちゃう破天荒なキャラクターってことになってしまう。でもケストナーの描く先生たちは、子どもには媚びないのに、非常に立派で、子どもの尊敬も集める。

なぜそんな先生が描けるのかと言えば、やっぱりケストナーの人間に対する洞察力ではないかと思います。

たとえば「トランプ現象」について、「リベラル嫌いが結集して、ああいう現象が起きている」みたいな分析をよく見ます。それはつまり、「リベラルが偉そうにするので、言っていることの正しさとは別に、人間的な好感度を得られない」という問題点があるということです。

これに対して、ケストナーは説教くさくない。もちろん、本人は自由主義者で平和主義者ですから、いま風に言えばリベラルな人で、作品もリベラル風なんです。でも、そこに出てくる先生は全然偉そうではなく、その振る舞いは自然と子どもたちの尊敬を集め、また子どもたち一人ひとりを尊重しようとしている。「本当に尊敬できるリベラルのあり方」っていうのが描かれているのではないかと思います。

新城　ケストナーは「お薬みたいなものとして書く」みたいなことをしていた時期があるん

です。

木村　薬ですか？

新城　日本語の翻訳では、「人生処方詩集」とかのタイトルで出ていますが、過去に書いた詩の自選集で、「結婚が破綻したら」「孤独にたえられなくなったら」みたいな感じで、使用法ごとの索引もついている。家庭の常備薬のように、状況にあった詩を読みなさいと。

　この本が出たのが１９３６年。そういう時代だったからこそ、「心の常備薬としての本が必要だ」と言っていたのか、ちょっとその辺は私もわからないというか、いまだにケストナーは謎の人なんです。

　伝記とかを調べてみると、１９２０年から30年代のベルリンで夜中じゅう飲み明かして女性を引っかけて遊んでいたとか、けっこうラブリーな話が多いんですよ。ドイツ人としては背が低いんだけど、何か愛らしいのでみんな惚れたみたいな、そんな記述があったりとかして。非常に不思議な人なんですよね。魅力的でもあり、不思議でもあり、非常に気になっているんですけれども。

木村　ケストナーはユダヤ系のようですが、自分の本が焼かれるのを見ても、亡命しなかったのは、なぜなんでしょうか。

新城　そこが私もわからなくて。短編を書いたときには「えいやっ」と「彼にはやっぱり楽観論があった」という結論を出しちゃったんですけども、それはいまでもちょっとまだ引っかかっています。ドイツを愛するがゆえの楽観論のほかに、彼のお母さんがお年寄りでドイツから出られないので、それでしょうがなくドイツ国内にいたんじゃないかっていう説も伝記にはありました。ただそれにしちゃ女遊びが激しすぎるよなぁと（笑）。まだちょっとそこも、私の中では結論が出ていないんですよね。

ただ、ケストナーの態度を「楽観主義」と呼んでいいのかどうかはわからないんですが、何らかの「希望」は持っていたとは思うんですよね。だって、最後の最後はスイスにちょびっとだけ避難していたらしいけれども、ナチス・ドイツが負けるぎりぎりまで、ドイツにちゃんといたんですから。

木村　イギリスにいたトールキンが厭世的なのと対照的ですよね。作風も、大人向けの風刺作品をたくさん書いていたりして、対照的です。ナチスをすぐ近くで見て、危険が身近に迫っているケストナーのほうが楽観的というのは、おもしろいと思います。

私が時の政権に対して批判的な発言をしたりすると、普段政治的な発言をしない知人から「気を付けたほうがいいよ」なんて言われたりするんです。私は学問的観点からコメントしているだけで、取り立てて政権と対立しているつもりもないので、いったい何を気を付けるのかよくわからないんですけど。

歴史の渦中に巻き込まれている人は、いまを生きるのに精一杯、いま起こっている問題に対処するのに精一杯で、あれこれ心配する暇もないのかもしれません。

ということは、「民主主義は人間に可能なのか」なんて抽象的なことに悩んでいられるのは、まだまだ余裕があるってことかもしれませんね。厭世観が一回りして、ちょっと気が楽になってきました。フィクションから受けるインスピレーションと、歴史の学習って、やっぱり大事ですね。対談を受けていただき、ありがとうございました。

新城　こちらこそ、ありがとうございました。

エピローグ

そしてこの対談の後、頭脳明晰にして弁舌さわやかな憲法学者・木村草太氏の発表した革新的な法理論にもとづいて、世界は平和になったのだった……と書けたらば、実に素敵なハッピーエンドなのですが、それは事実に反します。

世界は相変わらず荒れていますし、人々は「話を聞いてくれる相手（もしくは敵）」を求めて虚しい戦いをくりひろげています。冒頭の文に救いがあるとすれば――「頭脳明晰・弁舌さわやか」の部分についてだけは、このエピローグ執筆を担当している私こと新城カズマが、たしかに事実であると万人に保証できるという点ですが。

この本に記された内容は、２０１７年初頭に書店「下北沢Ｂ＆Ｂ」にておこなわれた公開対談と、その後いくたびか都内某所で続けられた対話の結果に、木村先生と私（と担当編集氏）が手を加えたものです。

一連の対話は、終わってしまうのが悲しいほどに愉しかった（少なくとも私にとっては！）のですが、ついに終わりを迎え——しかしそこで語られた「さまざまな論点」は、いまなお進行中です。

海のむこうではいつのまにか新大統領の当初の側近はほぼ全員が頓首され、ビットコインは流行に乗って素人の皆様が参入した途端に暴落し、人工知能がツイッターで右傾化して三日でお役御免となり、半島情勢はますます波高く、二度目の東京五輪は新元号のもとでおこなわれることに決まり、英語圏で #qanon というハッシュタグを追いかければ「物語が現実社会をねじ曲げようとしている」現場をライブで観賞することさえ可能です（いや、ここは「物語によって、あなたはライブで観賞／干渉されるのです。」と書くべきでしょうか?）。十年前どころか三年前でも、上記のような小説のプロットを提出していたら、私は担当さまから一発でボツを食らっていたに違いありません。

どこまでが現実の社会で、どこからが物語なのか。それどころか、この文章が最後まで現実でいられるのか、あるいはすでに数行前からフィクションと化しているのか。そもそも「新城カズマという好奇心旺盛な小説家」でさえ実は最初から、この本を世に送り出すために木村先生によって創られた架空の人物なのでは……と、読者の皆さんは疑っておられるかもしれません。
そんな妄想に囚われそうになった時——楽観的な悲観主義者である私は、まずは大きく深呼吸してから、おいしいお茶を淹れ、ゆっくりと飲むことにしているのですが……。

あなたなら、どうしますか？

２０１８年２月吉日

新城カズマ

木村草太（きむらそうた）

1980年、神奈川県生まれ。東京大学法学部卒業、首都大学東京法学系教授。著書は『平等なき平等条項論』（東京大学出版会）、『キヨミズ准教授の法学入門』（星海社新書）、『憲法の創造力』（NHK出版新書）、『テレビが伝えない憲法の話』（PHP新書）、『憲法という希望』（講談社現代新書）など。

新城カズマ（しんじょうかずま）

作家、架空言語設計家。京都造形芸術大学客員教授。『サマー／タイム／トラベラー』（全2巻、早川書房）で第37回星雲賞受賞。著書は『ライトノベル「超」入門』（ソフトバンク新書）、『物語工学論』（角川学芸出版）、『原稿は来週水曜までに』（群雛 NovelJam）、『島津戦記』（新潮文庫 nex）など。

社会《しゃかい》をつくる「物語《ものがたり》」の力《ちから》 学者《がくしゃ》と作家《さっか》の創造的対話《そうぞうてきたいわ》

2018年2月20日初版1刷発行

著　者 ── 木村草太　新城カズマ

発行者 ── 田邉浩司

装　幀 ── アラン・チャン

印刷所 ── 萩原印刷

製本所 ── ナショナル製本

発行所 ── 株式会社光文社
東京都文京区音羽1-16-6（〒112-8011）
https://www.kobunsha.com/

電　話 ── 編集部03（5395）8289　書籍販売部03（5395）8116
業務部03（5395）8125

メール ── sinsyo@kobunsha.com

光文社新書

929
患者の心がけ
早く治る人は何が違う？
酒向正春
良い医療、良い病院を見分けるには？　多くの患者さんに奇跡をもたらしてきた脳リハビリ医が語る、医療の真髄――医療の質、チーム医療、ホスピタリティ――と回復への近道。
978-4-334-04335-3

930
メルケルと右傾化するドイツ
三好範英
メルケルは世界の救世主か？　破壊者か？　メルケルの生涯と業績をたどり、その強さの秘密と危機をもたらす構造を分析する。山本七平賞特別賞を受賞した著者による画期的な論考。
978-4-334-04336-0

931
常勝投資家が予測する日本の未来
玉川陽介
空き家問題、人工知能によってなくなる仕事、新たな基幹産業、国策バブルの着地点――。「金融経済」「情報技術」「社会システム」の観点から「２０２５年の日本」の姿を描き出す。
978-4-334-04337-7

932
誤解だらけの人工知能
ディープラーニングの限界と可能性
田中潤
松本健太郎
人工知能の研究開発者が語る、第３次人工知能ブームの終焉の可能性と、ディダクション（演繹法）による第４次人工知能ブームの幕開け。人工知能の未来を正しく理解できる決定版！
978-4-334-04338-4

933
社会をつくる「物語」の力
学者と作家の創造的対話
木村草太
新城カズマ
ＡＩ、宇宙探査、核戦争の恐怖…現代で起こる事象の全ては「フィクション」が先取りし、世界を変えてきた。憲法学者とＳＦ作家が、現実と創作の関係を軸に来るべき社会を描く。
978-4-334-04339-1